Inhalt

Zum Konzept

Wer ist Detektiv Pfiffig?

Detektiv Pfiffig wohnt mit seinem Hund Fiffi im Städtchen Knobelhausen und hilft auch dir gerne beim Lesen und Schreiben. Seit vielen Jahren passt er auf die Kinder und Lehrer der Neu-Schule auf, wenn er nicht gerade auf der Jagd nach Verbrechern ist. Gemeinsam lösen sie viele kniffelige Fälle und entlarven Diebe, Lügner, Fälscher ...

Diesen Einführungstext können Sie vorlesen und dabei das Bild vom Lehrer-Kollegium der Neu-Grundschule auf S. 5 zeigen.

In diesem Pfiffig-Band sollen Ihre Schülerinnen und Schüler 22 spannende und lustige Mini-Krimis rund um Detektiv Pfiffig, seinen Hund Fiffi und die Kinder und Lehrer der Neu-Schule lösen. Dabei spielen das tägliche Schulleben und Erlebnisse in der Schule eine zentrale Rolle, z. B. Klassenfahrt, Vertretungslehrer, Karneval in der Schule, Ausflüge, Schul-Flohmarkt usw. Die Fälle sind außerdem analog zum Schuljahreslauf aufgebaut – angefangen mit Ferienerlebnissen bis hin zu einem Abschiedsbrief am Ende des Schuljahres.

Jeder Fall besteht aus einer **Doppelseite**:

Auf der **linken Seite** lesen die Kinder einen Mini-Krimi und nehmen die vier dazugehörigen Bilder genau unter die Lupe. So üben sie, gründlich und sinnerfassend zu lesen. Die Kinder können die Mini-Krimis auch mit verteilten Rollen vorlesen, aber auch vorspielen. Zuletzt lösen sie die Suchaufgabe, die mit der Lösung des Falles in Zusammenhang steht, da z. B. das Diebesgut, Fehler in Gemälden, Hinweise auf den Täter usw. in den Bildern versteckt sind.

Auf der **rechten Seite** bearbeiten die Kinder sechs weiterführende Fragen zum Mini-Krimi und schreiben ihre Antworten auf die Linien. Die kurzweiligen Schreibaufgaben ergänzen jeden Fall sinnvoll und kindgemäß. So lösen Ihre Schülerinnen und Schüler Schritt für Schritt mit der Leitfigur Detektiv Pfiffig alle 22 Fälle.

Zur **Differenzierung** gibt es auf der rechten Seite unten für schwächere Kinder **Tipps zu den Fragen** mit kleinen Hinweisen, wo sie im Text oder Bild die Lösungen finden. Für pfiffige Detektivschüler gibt es drei **Lupen-Zusatzaufgaben**, die zum Weiterdenken animieren. Hier sollen die Kinder erklären, erzählen, malen oder eine eigene Geschichte schreiben.

Am Ende gibt es noch einen **Lupen-Zusatz-Fall** (S. 50). Hier können sich die Kinder einen eigenen Mini-Krimi ausdenken, mithilfe von **Pfiffigs Detektiv-Wörter-Liste** (S. 51) verfassen und passende Bilder malen.

Dieses Buch eignet sich besonders gut für den **Einsatz** in der Freiarbeit und dem Wochenplan oder als Hausaufgabe. Da sich die Aufgabentypen und der Seitenaufbau nicht ändern, können die Kinder schon nach kurzer Zeit selbstständig arbeiten und ihre Lösungen durch die Lösungskarten eigenständig verbessern.

Praxistipps:

- Zu Beginn der Detektivarbeit sollten alle Kinder einen **Detektivausweis** (S. 64) erhalten. Dort dürfen die Kinder immer dann eine Lupe anmalen, wenn sie den jeweiligen Fall gelöst haben.
- Man sollte jeden Fall doppelseitig auf Vorder- und Rückseite oder auf ein DIN-A3-Blatt kopieren. Denn um die weiterführenden Aufgaben der rechten Seite lösen zu können, müssen die Kinder den Mini-Krimi der linken Seite vor sich haben.
- Mithilfe der **Lösungskarten** (S. 52–63) können die Kinder ihre Ergebnisse selbstständig vergleichen und verbessern. Ist alles richtig, können sie das Feld „Fall gelöst!" abhaken. Es empfiehlt sich, alle Lösungskarten (größer) zu kopieren, zu einem Lösungsheft zur **Selbstkontrolle** zusammenzuheften und im Klassenraum für die Kinder auszulegen. Eventuell sollten Sie die Lösungen noch mit einem Rotstift nachziehen.
- Nach dem Lösen aller Fälle erhält jedes Kind eine **Urkunde** (S. 64). Die Aussicht auf eine solche Belohnung wirkt als besondere Motivation. Außerdem können die Kinder ihre Detektivurkunden sammeln, wenn Sie auch mit den anderen Bänden der Pfiffig-Reihe arbeiten.

Viel Spaß und Erfolg mit Detektiv Pfiffig wünscht Ihnen und Ihren Schülerinnen und Schülern
Bernd Wehren

Die Lehrer der Neu-Schule

Doris Dalli-Dalli	______	Maria Millimeter	______	______
______	Deutsch	______	Mathe	Hausmeister
Klasse 1a	Klasse 3b	Klasse 1b	Konrektor	

______	Tina Tippi	Gitti Gitarre	______
Sachunterricht	______	______	Religion
Klasse 2b		Klasse 3a	Klasse 2a

Fiffi
Pfiffigs Hund

______	**Detektiv Pfiffig** Freund von Kurt Kehrblech und Ecki Eckstoß	______	______	Berta Brühe
Kunst		Englisch	Sport	______
Klasse 4b		Lehramtsanwärterin	Klasse 4a	

Wer macht was?

Schreibe die Namen der Lehrerinnen und Lehrer und ihre Fächer oder Berufe auf die Linien.

Schulköchin	Direktorin	Edgar Engel	Zacharias Ziffer	Kurt Kehrblech
Sekretärin	Textilgestaltung	Pia Pinsel	Ecki Eckstoß	Moni Mut
	Musik	Leo Lupe	Karl Komma	

Vergleiche mit deinem Partner und begründe deine Antworten.

Detektiv Pfiffig sucht seine Lupe. Findest du sie? Kreise sie ein.

Die sonderbaren Ferienerlebnisse

1 Es ist der erste Tag nach den Sommerferien und Detektiv Pfiffig besucht die Neu-Schule. Heute werden die neuen Erstklässler eingeschult. Auch Detektiv Pfiffigs Neffe Fridolin marschiert im Gänsemarsch hinter Lehrerin Dalli-Dalli in seine Klasse 1a. „Ich schaue bei der 4a vorbei“, denkt sich Pfiffig.

2 Alle Kinder der Klasse 4a wollen im Stuhlkreis neben dem freundlichen Detektiv sitzen. „Schön, euch wiederzusehen, Kinder! Was habt ihr in den Ferien erlebt?“, fragt Pfiffig. „Auf diesem Foto sieht man mich in der ägyptischen Mittagssonne auf einem Lama reiten“, berichtet Johannes.

3 Auch Ben war anscheinend weit weg von seiner Heimatstadt Knobelhausen: „Ich war in Australien. Ich habe auch ein schönes Foto von einem fressenden Koalabären mitgebracht.“ Rita erzählt: „Ich war in Rom und habe mir die Stierkämpfe angesehen.“

4 „Ihr wollt mich wohl ins Bockshorn jagen! Keiner von euch war in Ägypten, Italien oder Australien“, meint Detektiv Pfiffig. Da prusten alle Kinder laut los: „Hahaha!“ Lehrer Ecki Eckstoß fragt neugierig: „Wie bist du uns auf die Schliche gekommen?“ „Lieber Ecki, liebe Kinder, man muss Augen und Ohren stets offen halten.“

Lies. **Erzähle.** **Male an.** **Findest du Pfiffigs Neffen? Kreise ein.**

Fall 1

Löse mit Detektiv Pfiffig den 1. Fall!

1. Wie heißt Pfiffigs Neffe? Und was macht er an der Neu-Schule?

2. Wie heißen die Lehrer von Pfiffigs Neffen und Ben?

3. Wo waren Johannes, Ben und Rita angeblich in den Ferien?

4. Was stimmt an Johannes' Ferienfoto und Ferienbericht nicht?

5. Was stimmt an Bens Ferienfoto nicht?

6. Was stimmt an Ritas Erzählung nicht?

Antworte in ganzen Sätzen. ✓ ➡ ☐ **Fall gelöst!**

Kontrolliere und verbessere.

Tipps zu den Fragen:

1. Lies Text 1.
2. Lies die Texte 1 und 4.
3. Lies Text 4.
4. Schau dir Bild 2 an.
5. Schau dir Bild 3 an.
6. Lies Text 3.

Kreuze an: 1 Lupe für 4, 2 Lupen für 5 und 3 Lupen für 6 richtige Antworten:

Lupen-Zusatzaufgaben:

1. Erfinde selbst ein sonderbares Ferienerlebnis. Male. Erzähle.
2. Kannst du dich an deine Einschulung erinnern? Schreibe. Male.
3. Bastle Quiz-Karten (Vorderseite = Länder, Rückseite = Hauptstädte). Benutze einen Atlas.

Fall 2

Der Kakaodieb

1

In Detektiv Pfiffigs Büro klingelt das Telefon. Er nimmt den Hörer ab: „Pfiffig, der Detektiv für alle Fälle! Wer ist dort?"
„Hier spricht der Hausmeister der Neu-Schule, dein Freund Kurt Kehrblech. Detektiv Pfiffig, wir brauchen deine Hilfe. Der Kakaokasten einer Klasse wurde geklaut."

In der ersten Pause trifft Pfiffig einige Kinder. „Der Kakaodieb muss durstig gewesen sein", meint Lisa Lichter aus der 4b. „Warum stellt der Hausmeister den Kakao auch ins Lehrerzimmer und schließt nicht ab?", fragt Willi Winter. „Unseren Kakao zu klauen, ist gemein!", schimpft Peter Panik.

3

2

Detektiv Pfiffig fährt mit seinem Drahtesel zur Neu-Schule. Als er ankommt, befragt er zuerst Kurt Kehrblech. „Wohin stellst du die Kakaokästen immer?"
„In ein Regal im Flur. Das wird aber repariert. Nach Unterrichtsbeginn habe ich daher den Kakao ins Lehrerzimmer gestellt. Das wusste aber niemand."

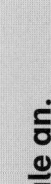

Detektiv Pfiffig befragt noch die Lehrerin der 3a, Gitti Gitarre. „Am Morgen sind einige meiner Schüler zum Klo gegangen: Kai Kachel, Willi Winter und Peter Panik." Pfiffig meint: „Der Kakaodieb sollte sich freiwillig melden, da ich das Diebesgut gesehen habe und auch weiß, wer es war."

4

Lies. **Erzähle.** **Male an.** **Findest du den Kakaokasten? Kreise ein.**

Fall 2

Löse mit Detektiv Pfiffig den 2. Fall!

1. Wer ruft bei Detektiv Pfiffig an? Und wann?

2. Was wurde gestohlen? Und wer wurde bestohlen?

3. Wohin stellt der Hausmeister die Kakaokästen normalerweise?

4. Wo spricht Pfiffig mit welchen Schulkindern? Und wann?

5. Welche Kinder sind morgens zur Toilette gegangen?

6. Wer ist der Kakaodieb? Begründe.

Antworte in ganzen Sätzen. ✓ → ☐ **Fall gelöst!**

Kontrolliere und verbessere.

Tipps zu den Fragen:

1. Lies Text 1. Schau dir Bild 1 an.
2. Lies Text 1. Lies die Texte 3 und 4.
3. Lies Text 2.
4. Schau dir Bild 3 an und lies Text 3.
5. Lies Text 4.
6. Lies die Texte 2 und 3.

Kreuze an: 1 Lupe für 4, 2 Lupen für 5 und 3 Lupen für 6 richtige Antworten:

Lupen-Zusatzaufgaben:

1. Womit fährt Pfiffig zur Neu-Grundschule? Beschreibe.
2. Schreibe eine Geschichte zum Tathergang.
3. Wie sieht euer Pausenhof aus? Male oder erzähle.

Fall 3

Die verschwundenen Sammelkarten

1 Es ist Freitag und die Kinder der Klasse 4b kommen aus der Pause in ihre Klasse. „Unsere Sammelkarten sind weg!“, schreien Ken, Lars und Felix. Lehrerin Pia Pinsel redet mit den Schülern: „Habt ihr jemanden gesehen, der den Klassenraum oder die Schule betreten hat?“ „Nein“, antworten die Jungen.

3 Da die Sammelkarten immer freitags verschwinden, erscheint Pfiffig am nächsten Freitag in der Schule. Er legt sich in der Pause auf die Lauer. Da kommt ein älteres Mädchen auf die Tür der Klasse 1b zu. Doch sie sieht den Detektiv und will umkehren. Pfiffig hält das Mädchen auf und nimmt sie mit ins Lehrerzimmer.

2 Im Lehrerzimmer erzählt Pia Pinsel ihren Kollegen vom Vorfall. „Letzten Freitag hat auch jemand Karten von meiner Lea geklaut“, meint Maria Millimeter.
„Und am Freitag zuvor hat ein Kartendieb in meiner 2b sein Unwesen getrieben“, fügt Leo Lupe hinzu. Alle rufen im Chor: „Ein Fall für Detektiv Pfiffig!“

4 „Du bist eine Schülerin der Realschule. Hast du nicht Unterricht?“, fragt Direktorin Dalli-Dalli. „Ich habe frei“, meint das Mädchen. „In der letzten Zeit wurden von Kindern Sammelkarten gestohlen“, erklärt Pfiffig. „Ich war die letzen Freitage im Unterricht“, sagt sie. „Sei ehrlich und gib die Karten zurück“, rät Detektiv Pfiffig.

Lies. **Erzähle.** **Male an.** **Um wie viel Uhr legt sich Pfiffig auf die Lauer? Kreise ein.**

Fall 3

Löse mit Detektiv Pfiffig den 3. Fall!

1. Von welchen Kindern aus der 4b wurden Sammelkarten geklaut?

2. Aus welchen Klassen wurden Sammelkarten gestohlen?

3. Wer unterrichtet die Klasse 2b?

4. Was macht Pfiffig, um den Dieb zu überführen?

5. Wohin geht das ältere Mädchen?

6. Wieso weiß Pfiffig, dass das Mädchen lügt?

Antworte in ganzen Sätzen. ✓ ➡ ☐ **Fall gelöst!**

Kontrolliere und verbessere.

Tipps zu den Fragen:

1. Lies Text 1.
2. Lies die Texte 1 und 2.
3. Lies Text 2.
4. Lies Text 3 und schau dir Bild 3 an.
5. Schau dir Bild 3 an.
6. Lies Text 4.

Kreuze an: 1 Lupe für 4, 2 Lupen für 5 und 3 Lupen für 6 richtige Antworten:

Lupen-Zusatzaufgaben:

1. Wie alt ist das verdächtige Mädchen mindestens? Erkläre.
2. Hast du auch Sammelkarten? Zeige.
3. Erfinde eigene neue Sammelkarten. Male und erkläre.

Bernd Wehren: Lesen und Schreiben mit Detektiv Pfiffig 3

Fall 4

Das verbotene Pausenbrot

1 Zu Beginn der Hofpause trifft Knut Knallerbse seine großen Geschwister Karin aus der 3b und Karl aus der 4a. Der Erstklässler Knut erzählt: „Ich habe mein Pausenbrot vergessen und großen Hunger. Könnt ihr mir etwas geben? Sonst fahre ich schnell mit dem Fahrrad nach Hause und hole es.“

2 Karin Knallerbse ist entsetzt: „Leider habe ich mein Pausenbrot aufgefuttert. Trotzdem bleibst du hier! Wir dürfen die Schule während der Schulzeit nicht ohne Erlaubnis einer Lehrerin oder eines Lehrers verlassen. Und stelle dir vor, du hast auf dem Weg nach Hause einen Unfall!“

3 Auch Karl kann seinem kleinen Bruder Knut nichts anbieten: „Das tut mir leid, Knut. Ich habe mein Obst und mein Müsli auch schon gegessen.“ Doch Knut will sich mit der unfreiwilligen Diät nicht abfinden, weint und quengelt: „Ich habe so großen Kohldampf.“ Pfiffig bekommt das Gespräch zufällig mit.

4 Am Ende der Hofpause sieht Pfiffig den schmatzenden Knut mit einem leckeren Käsebrot und fragt ihn: „Woher hast du das Brot?“ „Aus meinem Ranzen!“, entgegnet Knut. Pfiffig meint: „Du lügst. Ich weiß, wer dir das Pausenbrot wie und woher besorgt hat.“

Lies. Erzähle. Male an. Woran sieht Pfiffig, wer das Pausenbrot besorgt hat? Kreise ein.

Löse mit Detektiv Pfiffig den 4. Fall!

1. Wer unterhält sich in der Hofpause miteinander?

2. Warum ist der Erstklässler hungrig?

3. Warum hat die Schwester Angst um ihren kleinen Bruder?

4. Was hat der große Bruder in der Pause gegessen?

5. Was macht der Erstklässler am Ende der Hofpause?

6. Wer hat dem Erstklässler das Frühstück wie besorgt? Begründe.

Antworte in ganzen Sätzen. ✓ ➡ ☐ **Fall gelöst!**

Kontrolliere und verbessere.

Tipps zu den Fragen:

1. Lies Text 1.
2. Lies Text 1.
3. Lies Text 2.
4. Lies Text 3.
5. Lies Text 4. Schau dir Bild 4 an.
6. Schau dir die Bilder 1 und 4 an.

Kreuze an: 1 Lupe für 4, 2 Lupen für 5 und 3 Lupen für 6 richtige Antworten:

Lupen-Zusatzaufgaben:

1. Warum darf man den Schulhof nicht unerlaubt verlassen? Erkläre.
2. Wie sieht dein Traumfahrrad aus? Male.
3. Was kannst du tun, wenn du dein Pausenbrot vergessen hast? Schreibe.

Fall 5

Der neue Vertretungslehrer

1 „Kinder, eure Lehrerin Maria Millimeter ist krank. Bitte bleibt im Klassenraum und vergleicht eure Hausaufgaben. Ich rufe Detektiv Pfiffig an. Vielleicht kann er euch heute betreuen. Stellt bitte eure Namensschilder auf die Tische, damit der Vertretungslehrer euch richtig ansprechen kann", erklärt die Direktorin.

2 Die Freude über den „Vertretungslehrer" ist groß: „Super! Pfiffig erzählt sicher von seinen neuesten Fällen." Während die Kinder nacheinander vorlesen, ruft Dalli-Dalli bei Pfiffig an: „Und ich habe den Kindern gesagt, sie sollen ihre Hausaufgaben vergleichen und auf dich warten." „Okay, ich bin in 15 Minuten da", verspricht Pfiffig.

3 Pfiffig radelt zügig zur Neu-Schule. Doch kurz bevor er ankommt, beginnt es zu regnen. Als er seinen Drahtesel abstellt, sieht und hört er von weitem Kinder, die ins Schulgebäude huschen: „Achtung! Pfiffig ist schon da. Schnell zurück in die Klasse!" Der Detektiv kombiniert: „Das waren bestimmt Kinder aus meiner Vertretungsklasse."

4 Pfiffig macht das Stille-Zeichen „Mund zu und Ohren spitz", als er den Klassenraum betritt und flüstert: „Guten Morgen, Kinder! Schade, dass einige von euch nicht hier im Raum geblieben sind, obwohl Frau Dalli-Dalli euch freundlich darum gebeten hatte. Ich weiß auch, wer von euch aufgestanden ist."

Lies. **Erzähle.** **Male an.** **Welche Klasse unterrichtet die kranke Lehrerin? Kreise ein.**

Fall 5

Löse mit Detektiv Pfiffig den 5. Fall!

1. Warum stellen die Kinder Namensschilder auf ihre Tische?

2. Was sollen die Kinder machen, bis Pfiffig kommt?

3. Was macht Pfiffig, als er angerufen wird? Und Hund Fiffi?

4. Warum weiß Pfiffig, dass die in die Schule huschenden Kinder aus seiner Vertretungsklasse sind?

5. Was bedeutet Pfiffigs Zeichen, als er den Klassenraum betritt?

6. Welche Kinder haben den Klassenraum verlassen? Begründe.

Antworte in ganzen Sätzen. ✓ ➡ ☐ **Fall gelöst!**

Kontrolliere und verbessere.

Tipps zu den Fragen:

1. Lies Text 1.
2. Lies die Texte 1 und 2.
3. Schau dir Bild 2 an.
4. Lies Text 3.
5. Lies Text 4. Schau dir Bild 4 an.
6. Vergleiche die Bilder 1 und 4.

Kreuze an: 1 Lupe für 4, 2 Lupen für 5 und 3 Lupen für 6 richtige Antworten:

Lupen-Zusatzaufgaben:

1. Was trinkt Pfiffig zum Frühstück? Und was isst und trinkst du? Male.
2. Was haben die Kinder draußen gemacht? Schreibe eine Geschichte.
3. Sammle Spiele für Vertretungsstunden. Gestalte ein Plakat.

Fall 6

Die gefälschten Gemälde

1 Die Klasse 4b der Neu-Schule macht einen Ausflug. Mit dem Bus fahren Pia Pinsel und die Kinder zum Kunstmuseum. Zahlreiche Gemälde berühmter Maler werden gezeigt. Detektiv Pfiffig ist nicht weit, wo wertvolle Dinge ausgestellt sind.

Denn man weiß ja nie …

Die Klasse schlendert zum nächsten Kunstwerk. „Dieses Gemälde wurde von Friedensreich Hundertwasser gemalt. Es heißt ‚Der große Weg'. Der in Wien geborene Künstler lebte von 1928 bis 2000", erklärt der Führer. „Hundertwasser hat sehr farbenfroh gemalt", meint die schlaue Anna.

3

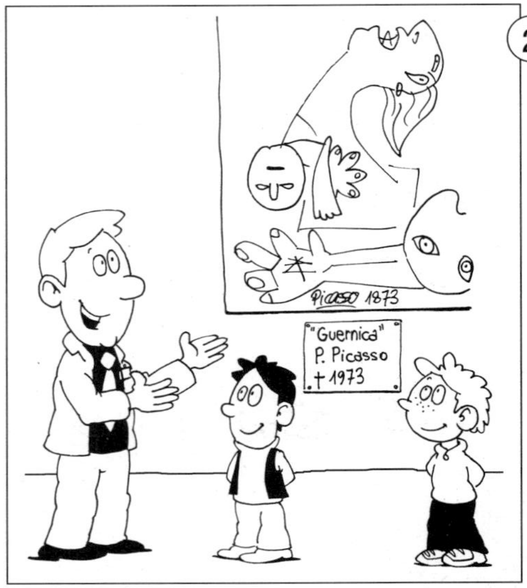

2 „Sind alle ausgestellten Gemälde Originale?", fragt Tom. „Ja, mein Junge. Das sind keine Kopien oder Drucke", antwortet der Museumsführer. „Dies ist ein Gemälde von Pablo Picasso. Es zeigt den Schrecken des Krieges. Der spanische Maler lebte von 1881 bis 1973", erklärt der nette Führer weiter.

„Zuletzt zeige ich euch ein Bild von Salvador Dalí mit dem Titel, ‚Die zerrinnende Zeit'. Er lebte im gleichen Land wie Picasso. Er wurde 1904 geboren." „Das war spannend", sagt Lehrerin Pia Pinsel. „Spannend finde ich die Frage, wie sich das Museum zwei Fälschungen unterjubeln lassen konnte", meint Pfiffig.

4

Lies. Erzähle. Male an. **In welcher Stadt ist die Kunstausstellung? Kreise ein.**

Fall 6

Löse mit Detektiv Pfiffig den 6. Fall!

1. Wohin machen die Schüler von Pia Pinsel einen Ausflug?

2. Wie heißt die Kunstausstellung?

3. Wie heißt das Gemälde von Pablo Picasso und was zeigt es?

4. Wo wurde Hundertwasser geboren? Wie ist sein Vorname?

5. In welchem Land lebte Salvador Dalí?

6. Welche beiden Gemälde sind Fälschungen? Begründe.

Antworte in ganzen Sätzen. ✓ ➡ ☐ **Fall gelöst!**

Kontrolliere und verbessere.

Tipps zu den Fragen:

1. Lies Text 1.
2. Schau dir Bild 1 an.
3. Lies Text 2 und schau dir Bild 2 an.
4. Lies Text 3 und schau dir Bild 3 an.
5. Lies die Texte 2 und 4.
6. Schau dir die Bilder 2 und 3 an.

Kreuze an: 1 Lupe für 4, 2 Lupen für 5 und 3 Lupen für 6 richtige Antworten:

Lupen-Zusatzaufgaben:

1. Wie alt wurden Picasso, Hundertwasser und Dalí? Rechne. Erkläre.
2. Kannst du auch ein Gemälde fälschen? Male ein berühmtes Bild neu.
3. Warst du schon einmal in einem Museum? Male. Schreibe. Erzähle.

Fall 7

Die stürmische Klassenfahrt

1

Die 3. und 4. Klassen der Neu-Schule machen eine Klassenfahrt in die deutsche Hauptstadt. Die Kinder freuen sich, dass Detektiv Pfiffig der Einladung der Lehrer gefolgt und mitgefahren ist. Bei der Belegung der Zimmer in der Herberge herrscht reges Treiben. Danach machen sie eine Stadtrundfahrt.

3

Abends sagt Herr Link: „Ich habe Ihr Geld und Ihre Wertsachen im Büro eingeschlossen. Ich fahre nun nach Hause. Gute Nacht!“ Kurz darauf gibt es ein Gewitter. Deshalb und wegen Heimweh macht kaum jemand ein Auge zu.

Aber in der Herberge ist noch jemand hellwach …

2

Auch der Herbergsvater, Herr Link, begleitet sie in die Stadt. Sie schauen sich das Brandenburger Tor, die Gedächtniskirche, die Siegessäule und den Reichstag an. „Und hier stand bis 1989 die Mauer, die die DDR* von der BRD** trennte“, erklärt Herr Link. Da es anfängt zu regnen, fahren sie zurück zur Herberge.

* DDR = Deutsche Demokratische Republik
** BRD = Bundesrepublik Deutschland

4

Morgens erleben die Kinder und Lehrer eine böse Überraschung: Die Bürotür wurde aufgebrochen und alle Wertsachen wurden gestohlen. „Seit wann sind Sie wieder hier?“, fragt Pfiffig den Herbergsvater. „Ich bin um 7 Uhr hier angekommen. Als ich den Einbruch bemerkte, habe ich die Polizei verständigt“, erklärt Herr Link. „Sie lügen“, meint Pfiffig.

Lies. Erzähle. Male an. **Wie viele Polizisten sind mindestens am Tatort?** ______

Fall 7

Löse mit Detektiv Pfiffig den 7. Fall!

1. Wohin fahren die 3. und 4. Klassen der Neu-Schule?

2. Wie heißt die Jugendherberge?

3. Wer fährt alles mit zur Stadtbesichtigung?

4. Welche Gebäude besichtigen sie?

5. Warum können die Herbergsgäste nachts nicht schlafen?

6. Wieso weiß Pfiffig, dass der Herbergsvater, Herr Link, lügt?

Antworte in ganzen Sätzen. ✓ ➡ ☐ **Fall gelöst!**

Kontrolliere und verbessere.

Tipps zu den Fragen:

1. Lies Text 1.
2. Schau dir Bild 1 an.
3. Lies die Texte 1 und 2.
4. Lies Text 2 und schau dir Bild 2 an.
5. Lies Text 3.
6. Vergleiche die Bilder 1 und 4.

Kreuze an: 1 Lupe für 4, 2 Lupen für 5 und 3 Lupen für 6 richtige Antworten:

Lupen-Zusatzaufgaben:

1. Was bedeuten die Abkürzungen „BRD“ und „DDR“? Forsche im Internet.
2. Was weißt du über Berlin? Erzähle.
3. Was hast du auf einem Klassenausflug erlebt? Schreibe.

Fall
8

Die zauberhafte Vorstellung

① Die 3b arbeitet an einem besonderen Projekt. „In vier Tagen findet unsere Zaubervorstellung statt. Heute wollen wir noch einmal unsere Tricks üben. Achtet darauf, dass ihr beim Erzählen langsam und deutlich sprecht. Die Zuschauer sollen euch verstehen“, erklärt Karl Komma. Alle Kinder trainieren fleißig ihre Tricks.

② Während einige Kinder an ihrer Fingerfertigkeit feilen, üben andere das Sprechen bei ihrem Zaubertrick. Laura, Pia, Kai und Lukas schreiben und malen Einladungen für die anderen Klassen, Eltern und Lehrer. „Soll Detektiv Pfiffig auch eine Einladung erhalten?“, fragt Laura. „Na klar!“, antwortet Lukas.

③ Am Tag der Vorstellung kommen viele Gäste und nehmen im Klassenraum Platz. „Felix wird nun beweisen, dass Blumen sprechen können“, kündigt Laura an. „Schöne Rose, sprich zu uns“, beschwört der kleine Zauberer die Blume. „Hallo, liebe Zuschauer!“, flüstert die Rose.

④ „Nun wird Lea vor euren Augen verschwinden und hinter dieser Wand wieder erscheinen“, erklärt der nächste Zauberer. Die Gäste staunen. Das Mädchen geht hinter die eine Wand und kommt hinter der anderen Wand wieder zum Vorschein. „Tolle Tricks!“, lobt der Detektiv. Aber er kann sich schon denken, wie sie funktionieren. Du auch?

Lies. **Erzähle.** **Male an.** **Findest du Pfiffig und seinen Hund Fiffi? Kreise sie ein.**

Löse mit Detektiv Pfiffig den 8. Fall!

1. Wie heißt der Lehrer der „Zauberklasse“?

2. Wann findet die Vorstellung statt?

3. Was üben die kleinen Zauberer?

4. Was machen Laura, Pia, Kai und Lukas? Und für wen?

5. Wie funktioniert der Trick „Die sprechende Blume“?

6. Wie funktioniert der Trick „Das verschwundene Mädchen“?

Antworte in ganzen Sätzen. ✓ ➡ ☐ **Fall gelöst!**

Kontrolliere und verbessere.

Tipps zu den Fragen:

1. Lies Text 1.
2. Lies Text 1 und schau dir Bild 2 an.
3. Lies die Texte 1 und 2.
4. Lies Text 2.
5. Schau dir die Bilder 1 und 3 an.
6. Schau dir die Bilder 1 und 4 an.

Kreuze an: 1 Lupe für 4, 2 Lupen für 5 und 3 Lupen für 6 richtige Antworten:

Lupen-Zusatzaufgaben:

1. Wer spielt den Zauberer in dem Trick „Das verschwundene Mädchen“ vor? Erkläre.
2. Forsche im Internet nach Zaubertricks für Kinder. Erzähle.
3. Kennst du einen Zaubertrick? Mache ihn vor.

Fall 9

Der Schneemann-Wettbewerb

1 Einige Tage vor den Weihnachtsferien fällt der erste Schnee. Dalli-Dalli meint zu ihren Lehrern: „Sollen wir einen Wettbewerb veranstalten? Diejenige Klasse gewinnt, die den größten Schneemann baut.“ Pia Pinsel, Ecki Eckstoß, Karl Komma und Co. sind von der Idee der Direktorin begeistert.

2 Dalli-Dalli macht in der Frühstückspause eine Durchsage: „Liebe Kinder! Ihr dürft in der 1. und 2. Hofpause versuchen, im Schulhof den größten Schneemann der Neu-Schule zu bauen. Dann küre ich die Gewinner-Klasse.“ Alle Kinder brechen in Jubelstürme aus und bauen in der 1. Hofpause große Kugeln, so schnell sie können.

3 Während die Kinder wieder Unterricht haben, schneit es erneut viele dicke Schneeflocken. Zu Beginn der 4. Stunde fällt Hausmeister Kehrblech auf, dass der Schneemann der 4b der größte und der der 3a der kleinste ist. „Kurz nach der 1. Hofpause war es umgekehrt. Seltsam! Ich rufe Pfiffig an“, denkt Kehrblech.

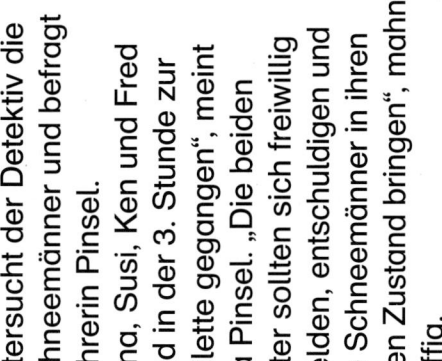

4 Kurz vor der 2. Hofpause untersucht der Detektiv die Schneemänner und befragt Lehrerin Pinsel. „Tina, Susi, Ken und Fred sind in der 3. Stunde zur Toilette gegangen“, meint Pia Pinsel. „Die beiden Täter sollten sich freiwillig melden, entschuldigen und die Schneemänner in ihren alten Zustand bringen“, mahnt Pfiffig.

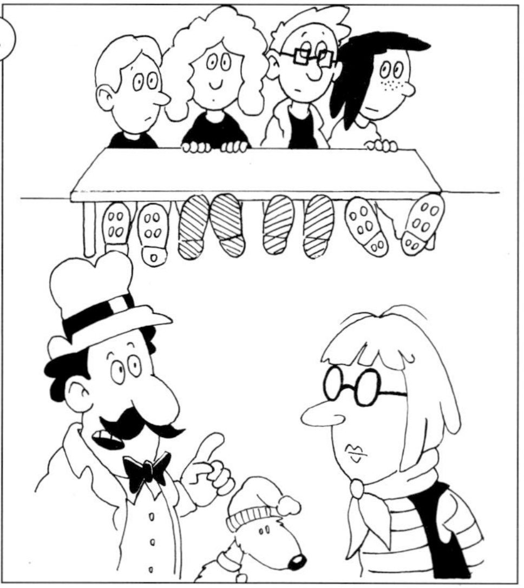

Lies. Erzähle. Male an. Woran sieht Pfiffig, wer die Täter sind? Kreise ein.

Fall 9

Löse mit Detektiv Pfiffig den 9. Fall!

1. In welchem Monat findet der Schneemann-Wettbewerb statt?

2. Wann dürfen die Kinder Schneemänner bauen? Und wo?

3. Wer hat bis zum Ende der 1. Pause den größten Schneemann gebaut?

4. Was passiert zwischen der 1. Hofpause und der 4. Stunde?

5. Was empfiehlt Pfiffig den Tätern?

6. Wer hat welchen Schneemann wie verändert? Begründe.

Antworte in ganzen Sätzen. ✓ ➡ ☐ **Fall gelöst!**

Kontrolliere und verbessere.

Tipps zu den Fragen:

1. Lies Text 1.
2. Lies Text 2.
3. Lies Text 3.
4. Lies Text 3. Schau dir Bild 3 an.
5. Lies Text 4.
6. Lies Text 4. Schau dir Bilder 2, 3 und 4 an.

Kreuze an: 1 Lupe für 4, 2 Lupen für 5 und 3 Lupen für 6 richtige Antworten:

Lupen-Zusatzaufgaben:

1. Wer gewinnt am Ende den Schneemann-Wettbewerb? Schreibe.
2. Denke dir auch einen Pausen-Wettbewerb aus. Plane. Erkläre.
3. Hast du auch schon einmal geschummelt? Erzähle.

Fall 10

Die gefährliche Mutprobe

1 Detektiv Pfiffig macht in Knobelhausen einen Einkaufsbummel. In einem großen Kaufhaus möchte er eine neue Lupe und eine Pfeife kaufen. Beim Stöbern sieht er zwei Mädchen. „Das sind Ute und Carolin von der Neu-Schule. Sie schwänzen den Unterricht“, kombiniert er messerscharf. „Komm, ich zeige dir ein tolles neues Handy“, hört er Carolin sagen.

Die Mädchen bummeln weiter. „Schau mal zu dem Mann dort drüben. Den kenn ich“, sagt Ute. „Ja, das ist Pfiffig. Oje, vielleicht arbeitet er hier als Kaufhausdetektiv“, überlegt Carolin. „Lass uns verschwinden. Wir kriegen eh Ärger von Frau Pinsel, weil wir geschwänzt haben“, meint Ute ängstlich.

3

2 „Echt cool. Mit dem Handy ‚H 4‘ kann man Musik hören, fotografieren, im Internet surfen und fünf Spiele spielen“, berichtet Carolin. „Es kostet 240 €. Bei meinem Taschengeld müsste ich dafür genau ein Jahr sparen“, meint Ute. „Klau es doch. Aber du traust dich ja doch nicht“, sagt Carolin. „Sollen wir wetten?“, entgegnet Ute.

Doch Detektiv Pfiffig hält die Mädchen auf: „Ihr wisst doch, dass Diebstahl ein Verbrechen ist und bestraft wird. Ihr müsstet für den Schaden bezahlen und eure Eltern würden informiert werden. Ganz zu schweigen vom Gerede in der Schule. Legt das Diebesgut zurück und ich will den Diebstahl vergessen.“

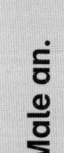

4

Lies. **Erzähle.** **Male an.** **Wieso weiß Pfiffig, dass die Mädchen schwänzen? Kreise ein.**

Fall 10

Löse mit Detektiv Pfiffig den 10. Fall!

1. Was möchte Detektiv Pfiffig kaufen?

2. Über welches Handy unterhalten sich die Mädchen? Was ist am Handy besonders?

3. Wie heißen die Mädchen und ihre Lehrerin?

4. Was vermuten die Mädchen, warum Pfiffig im Kaufhaus ist?

5. Wie wird Diebstahl laut Pfiffig bestraft? Was passiert noch?

6. Was haben die Mädchen gestohlen? Begründe.

Antworte in ganzen Sätzen. ✓ ➡ ☐ **Fall gelöst!**

Kontrolliere und verbessere.

Tipps zu den Fragen:

1. Lies Text 1.
2. Lies Text 2 und schau dir Bild 2 an.
3. Lies die Texte 1 und 3.
4. Lies Text 3.
5. Lies Text 4.
6. Schau dir die Bilder 2 und 4 an.

Kreuze an: 1 Lupe für 4, 2 Lupen für 5 und 3 Lupen für 6 richtige Antworten:

Lupen-Zusatzaufgaben:

1. Wie viel Taschengeld bekommt Ute pro Monat? Rechne. Erkläre.
2. Welche Vorteile und welche Nachteile haben Handys? Erzähle.
3. Wie geht die Geschichte weiter? Schreibe.

Fall
11

Das unsichtbare Geschenk

1

In der Neu-Schule herrscht eine fröhliche Stimmung, weil Lehrerin Gitti Gitarre einen runden Geburtstag feiert. Alle Lehrer und Kinder singen ihr ein Ständchen:
„Happy birthday to you!
Happy birthday to you!
Happy birthday,
liebe Gitti Gitarre!
Happy birthday to you!"

2

Auch die Vertretung des kranken Hausmeisters, Herr Staubi, gratuliert. Während die Lehrer sich bei Kaffee und Kuchen unterhalten, zeigt Gitti Gitarre das Geschenk ihres Mannes stolz herum: „Ich dachte zuerst, er schenkt mir einen Glasring. Aber der ganze Ring besteht aus reinem Kristall und er hat einen Diamanten."

3

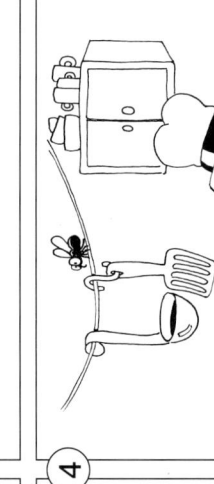

Nach dem Kränzchen will Gitti Gitarre das Geschirr spülen. Den Ring legt sie beiseite. Im Vorbeigehen steckt ihn Herr Staubi in seinen Kittel. Doch Edgar Engel sieht die Tat. Die Lehrer verfolgen und stellen den flüchtenden Dieb. Sie durchsuchen Staubi. Doch keine Spur vom Ring. „Ich ruf Pfiffig an", sagt Leo Lupe.

4

Kurz darauf erscheint der Detektiv. Gitti Gitarre schildert ihm unter Tränen den Tathergang. Pfiffig schaut sich kurz im Raum um und meint: „Beruhigen Sie sich. Ich habe eine Idee, wo Ihr Ring sein könnte."
Er findet den Ring aus durchsichtigem Kristall – aber nicht im Schrank, nicht in der Kelle, sondern … Welchen Geistesblitz hatte der Detektiv?

Lies. **Erzähle.** **Male an.** **In welchem Jahr wurde Gitti Gitarre geboren?** ____________

Fall 11

Löse mit Detektiv Pfiffig den 11. Fall!

1. Warum wird in der Neu-Grundschule gefeiert?

2. Warum ist Hausmeister Kurt Kehrblech nicht da? Wer vertritt ihn?

3. Was bekam Gitti Gitarre von ihrem Mann geschenkt?

4. Warum legt Gitti Gitarre das Geschenk beiseite?

5. Wer ruft Pfiffig an? Und warum?

6. Wo ist das Geschenk von Gitti Gitarre versteckt?

Antworte in ganzen Sätzen. ✓ ➡ ☐ **Fall gelöst!**

Kontrolliere und verbessere.

Tipps zu den Fragen:

1. Lies Text 1.
2. Lies Text 2.
3. Lies Text 2.
4. Lies Text 3.
5. Lies Text 3.
6. Lies die Texte 2 und 4. Schau dir Bild 4 an.

Kreuze an: 1 Lupe für 4, 2 Lupen für 5 und 3 Lupen für 6 richtige Antworten:

Lupen-Zusatzaufgaben:

1. Warum ist Hausmeister Kehrblech krank? Erzähle.
2. Was war dein letztes Geburtstagsgeschenk? Male.
3. „Die Verfolgungsjagd“. Schreibe eine Geschichte.

Fall 12 Karneval in der Neu-Schule

1 „Helau! Alaaf! Nun stolziert Ali über den Laufsteg als Indianerhäuptling ‚Qualmende Socke'. Er trägt einen prächtigen Kopfschmuck. Als nächstes sehen wir Pia als Prinzessin ‚Tausendschön'“, kommentiert Jan die Kostüm-Präsentation der Kinder an Karneval.

2 „Nun dürft ihr euch etwas vom leckeren Buffet nehmen, an eure Tische setzen und essen“, erklärt Schulköchin Berta Brühe. Prinzessin Pia stellt ihre goldene Krone auf den Tisch und futtert Apfel, Paprika, Cornflakes und Gummibären. Plötzlich öffnet eine Meute laut singender Kinder die Klassenzimmertür.

3 „Denn im Wald da sind die Räuber, halli-hallo die Räuber, die machen gern Musik!“ Sekretärin Tina Tippi, Köchin Berta Brühe, Konrektor Zacharias Ziffer und Pfiffig singen auch mit. Die Polonaise zieht durch alle Klassen und über den Schulhof.

4 Als Pia durch ein Fenster in ihre Klasse schaut, erblickt sie einen Cowboy, der ihre Krone stibitzt. Sofort holt sie Pfiffig zu Hilfe. „Er hatte einen Hut auf, einen Lockenkopf, eine Pistole und eine Zahnlücke“, erklärt Pia dem Detektiv. Alle Cowboys müssen zu Pfiffig kommen. „Auch die Verkleidung nützt dir nichts“, meint er und entlarvt den Dieb.

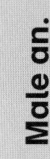

Lies. **Erzähle.** **Male an.** **Findest du die gestohlene Krone? Kreise ein.**

Fall
12

Löse mit Detektiv Pfiffig den 12. Fall!

1. Wie hat sich Pfiffigs Hund Fiffi verkleidet?

2. Was isst Pia vom Buffet? Und was Fiffi?

3. Was macht Pia mit ihrer Krone während des Essens?

4. Wer öffnet plötzlich die Klassenzimmertür? Und warum?

5. Wieso weiß Pia, dass ein Cowboy ihre Krone stibitzt hat?

6. Welcher Cowboy ist der „Kronen-Dieb“? Begründe.

Antworte in ganzen Sätzen. ✓ ➡ ☐ **Fall gelöst!**

Kontrolliere und verbessere.

Tipps zu den Fragen:

1. Schau dir die Bilder 1 und 2 an.
2. Lies Text 2. Schau dir Bild 2 an.
3. Lies Text 2.
4. Lies die Texte 2 und 3.
5. Lies Text 4.
6. Lies Text 4. Schau dir Bild 4 an.

Kreuze an: 1 Lupe für 4, 2 Lupen für 5 und 3 Lupen für 6 richtige Antworten:

Lupen-Zusatzaufgaben:

1. Wieso gibt es Karneval? Forsche im Internet.
2. Als was hast du dich im letzten Karneval verkleidet? Male.
3. Warum hat der Cowboy die Krone gestohlen? Schreibe.

Fall 13

Alarm in der Neu-Schule

1

„Endlich! Die Computer werden geliefert. Wir lagern sie bis morgen im Keller“, sagt Kehrblech zur Direktorin Dalli-Dalli und zu der neuen Lehramtsanwärterin* Moni Mut. „Toll! Die Kinder können endlich mit den Computern im Internet surfen und Texte schreiben“, freut sich Moni Mut.

* Moni Mut möchte Lehrerin werden. Sie muss vorher viele Monate lang das Unterrichten üben.

3

„Der Einbrecher hat mit einem Hammer die Scheibe eingeschlagen und dann das Fenster geöffnet. Das war sicher Tom Taste“, vermutet Klein. „Wer besitzt einen Alarmschlüssel*?“, fragt Pfiffig. „Die Direktorin, alle Lehrer, Frau Mut, die Putzfrau und ich“, sagt Kehrblech. Detektiv Pfiffig will mit diesen Personen reden.

* Mit einem Alarmschlüssel kann man die Alarmsicherung ein- und ausschalten.

2

Nachts in der Polizeidienststelle von Knobelhausen herrscht Ruhe und Frieden … „Alarm in der Neu-Schule!“, ruft Kommissar Hansi Klein plötzlich. Sofort fährt ein Streifenwagen zur Schule. Hausmeister Kehrblech und Pfiffig werden auch alarmiert. Sie besichtigen die Kellerräume. Drei Computer fehlen.

4

Am Morgen befragt Pfiffig zuerst die Putzfrau: „Wo waren Sie gestern Abend?“ „Ich habe zur Tatzeit bis Mitternacht zu Hause gelesen.“ „Und Sie?“ „Ich war den ganzen Tag in der Kneipe“, meint Tom. „Ich habe gelernt“, sagt Moni Mut. „Es war kein Einbruch. Der Alarm wurde später absichtlich ausgelöst. Einer von Ihnen hat mit der Tat zu tun“, sagt Pfiffig.

Lies. **Erzähle.** **Male an.** **Woher weiß Pfiffig, dass nicht eingebrochen wurde? Kreise ein.**

Fall 13

Löse mit Detektiv Pfiffig den 13. Fall!

1. Was wird um wie viel Uhr geliefert?

2. Was können die Kinder mit den Computern laut Moni Mut machen?

3. Wann leuchtet der Alarm bei der Polizei? Wer bemerkt den Alarm?

4. Was meint der Kommissar zu Tathergang und Täter?

5. Wer besitzt einen Alarmschlüssel?

6. Wer ist Täter oder zumindest Mittäter? Warum?

Antworte in ganzen Sätzen. ✓ → ☐ **Fall gelöst!**

Kontrolliere und verbessere.

Tipps zu den Fragen:

1. Lies Text 1 und schau dir Bild 1 an.
2. Lies Text 1.
3. Lies Text 2 und schau dir Bild 2 an.
4. Lies Text 3.
5. Lies Text 3.
6. Lies Text 4.

Kreuze an: 1 Lupe für 4, 2 Lupen für 5 und 3 Lupen für 6 richtige Antworten:

Lupen-Zusatzaufgaben:

1. Was ist eine Lehramtsanwärterin? Erkläre.
2. Welche Vorteile und welche Nachteile haben Computer? Erzähle.
3. Wo sind die drei gestohlenen Computer jetzt? Schreibe.

Fall 14

Fußballtraining in der Neu-Schule

1

Detektiv Pfiffig besucht die Fußball-AG* „Dampfende Socke". Sportlehrer Ecki Eckstoß zeigt ihm die Fußballplätze und die Kabinen. „Hier ziehen sich die Fußballer um. Dort duschen die Kinder und Jugendlichen. Und das ist unser neuer Platzwart Rudi Rasen." „Hallo", begrüßen sich die beiden.

* AG= Arbeitsgemeinschaft

2

Kurz danach verlassen Lehrer Eckstoß und der Detektiv die Kabinen. Sie gehen auf den Fußballplatz und Pfiffig schaut noch etwas beim Training zu.
Ecki Eckstoß gibt den Kindern heute Tipps beim Elfmeterschießen: „Entscheide dich vor deinem Schuss für eine Torecke. Schieße mit der Innenseite deines Fußes. So kannst du besser zielen."

3

Am Ende des Trainings stellt Ecki Eckstoß dem Detektiv einige Fußballer vor: „Diese zwei Jungen sind unsere Stürmer. Und das ist unser Torwart. Er hatte vor einer Woche Geburtstag und hat einen Lederfußball geschenkt bekommen." Pfiffig gratuliert.
Dann flitzen die Mini-Kicker in die Kabine, um zu duschen.

4

Plötzlich ruft Marcel: „Jemand hat meinen neuen Fußball geklaut. Ich hatte ihn in meinen Sportbeutel gepackt."
„Das ist unsportlich. Gebt den Ball heraus!", schimpft Ecki mit den anderen Jungen. „Die Kinder musst du nicht verdächtigen. Das war jemand anderes. Und das Versteck des Balles habe ich auch bereits entdeckt", meint Pfiffig.

Lies. Erzähle. Male an. **Findest du den gestohlenen Fußball? Kreise ein.**

Fall 14

Löse mit Detektiv Pfiffig den 14. Fall!

1. Wie heißt die Fußball-AG? Und wer betreut sie?

2. Was zeigt Ecki Eckstoß unserem Detektiv Pfiffig?

3. Welche Tipps gibt Ecki Eckstoß? Und wofür?

4. Wie heißen die Stürmer?

5. Wie heißt der Torwart?

6. Wer ist der Fußball-Dieb? Begründe.

Antworte in ganzen Sätzen. ✓ ➡ ☐ **Fall gelöst!**

Kontrolliere und verbessere.

Tipps zu den Fragen:

1. Lies Text 1.
2. Lies Text 1.
3. Lies Text 2.
4. Schau dir Bild 3 an.
5. Lies die Texte 3 und 4.
6. Schau dir alle Bilder an.

Kreuze an: 1 Lupe für 4, 2 Lupen für 5 und 3 Lupen für 6 richtige Antworten:

Lupen-Zusatzaufgaben:

1. Wann hatte der Torwart Geburtstag (Datum)? Erkläre.
2. Welche AG könnte deine Klasse oder Schule anbieten? Plane.
3. Wie geht die Geschichte weiter? Schreibe.

Fall 15

Die rätselhaften Klopfzeichen

1 Lehrer Komma, seine Drittklässler und Pfiffig unterhalten sich über verschiedene Codes: Winker-Flaggen-ABC, Finger-ABC und Morse-ABC. „Fragt mich etwas. Ich antworte mit Lichtsignalen“, sagt Pfiffig. „Wie alt bist du? Wie lautet dein Vorname? Und welches Hobby hast du?“, fragen die neugierigen Kinder.

2 Pfiffig holt seine Taschenlampe aus der Tasche, leuchtet auf das Morse-ABC-Poster und erklärt: „Mache ich die Taschenlampe nur kurz an, so müsst ihr einen Punkt notieren. Lasse ich das Licht länger an, so malt einen Strich.“ Die Kinder legen Stift und Papier bereit. Lehrer Komma macht das Licht im Klassenraum aus.

3 Pfiffig macht mit der Lampe kurze und lange Lichtsignale. Die Kinder schreiben die passenden Punkte und Striche auf. „Karl, nun kannst du das Licht wieder anmachen“, sagt Pfiffig zum Lehrer. Mithilfe des Morse-ABCs schreiben die Kinder die passenden Buchstaben neben die Punkte- und Strich-Codes.

4 Stolz nennen Jan, Sarah und Maria Detektiv Pfiffigs Alter, Vornamen und Hobby. „Ihr seid gute Detektive“, lobt Pfiffig die Schüler. Auf einmal hören sie Klopfzeichen aus dem Papierkorb. „Da möchte uns jemand eine geheime Nachricht mitteilen. Hahahaha!“, lachen Kinder, Komma und Pfiffig ausgelassen.

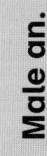

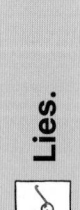

Lies. **Erzähle.** **Male an.** **Welchen „Flaggen-Buchstaben“ zeigt Fiffi? Kreise ein.**

Fall 15

Löse mit Detektiv Pfiffig den 15. Fall!

1. In welcher Klasse sind die Kinder?

2. Wie heißt der Lehrer?

3. Wie alt ist Detektiv Pfiffig?

4. Wie lautet Detektiv Pfiffigs Vorname?

5. Welches Hobby hat Detektiv Pfiffig?

6. Wer versteckt sich im Papierkorb? Begründe.

Antworte in ganzen Sätzen. ✓ ➡ ☐ **Fall gelöst!**

Kontrolliere und verbessere.

Tipps zu den Fragen:

1. Lies Text 1.
2. Lies die Texte 1 und 3.
3. Schau dir die Bilder 2 und 3 an.
4. Schau dir die Bilder 2 und 3 an.
5. Schau dir die Bilder 2 und 3 an.
6. Schau dir die Bilder 2 und 4 an.

Kreuze an: 1 Lupe für 4, 2 Lupen für 5 und 3 Lupen für 6 richtige Antworten:

Lupen-Zusatzaufgaben:

1. Zeige mit einem der drei ABC-Codes ein Wort. Wer errät es?
2. Erfinde einen eigenen ABC-Code. Male.
3. „Die geheimen Codes“. Schreibe eine Geschichte.

Die Briefmarke „Neu-Schule“

1 Zum Wochenstart kommen die Kinder der 2b schwer bepackt zur Neu-Schule. „Was hast du für unsere Ausstellung mitgebracht, Anna?“ „Ich habe meine Steine mitgebracht. Und du, Birgit?“ „Meine ‚Kaputte Uhren‘-Sammlung! Was Herr Lupe wohl anschleppt?“ „Der mag doch Blumen und Hüte, oder?“ „Stimmt. Und Pfiffig?“, überlegt Birgit …

3 Max erklärt Lehrer Lupe und Pfiffig voller Stolz: „Dies ist die kostbare Sondermarke ’Neu-Schule’. Davon gibt es nur hundert Exemplare und ich habe drei davon.“
Leo Lupe meint begeistert: „In einigen Jahren sind deine Briefmarken sicher viel wert.“
Pfiffig schweigt.

2 Peter hängt seine Poster berühmter Sportler auf: „Beckenbauer wurde als Spieler 1974 und als Trainer 1990 in Italien Fußballweltmeister. Heiner Brand wurde 1978 als Spieler und 2007 als Trainer in Deutschland Handballweltmeister. Boris Becker hat 1985 das Tennisturnier in Wimbledon gewonnen.“

4 Der Detektiv und Leo Lupe schlendern zum nächsten Ausstellungstisch.
Julias Sammlung gefällt Pfiffig besonders: „Schöne Kuscheltiere! Aber wie bei den Postern und den Briefmarken ist auch hier etwas faul“, meint der schlaue Meisterdetektiv lächelnd.

Lies. Erzähle. Male an. **Welche Sammlung hat Pfiffig mitgebracht? Kreise ein.**

Löse mit Detektiv Pfiffig den 16. Fall!

1. Welche Klasse macht eine Ausstellung? Und wann?

2. Welche Sammlerstücke stellen Anna, Birgit, Peter, Max und Julia aus?

3. Wie heißt der Lehrer?

4. Was stimmt an Peters Sammlung nicht?

5. Was stimmt an Max' Sammlung nicht?

6. Was stimmt an Julias Sammlung nicht?

Antworte in ganzen Sätzen. ✓ → ☐ **Fall gelöst!**

Kontrolliere und verbessere.

Tipps zu den Fragen:

1. Lies Text 1.
2. Lies alle Texte.
3. Lies Text 3.
4. Schau dir Bild 2 an.
5. Schau dir Bild 3 an.
6. Schau dir Bild 4 an.

Kreuze an: 1 Lupe für 4, 2 Lupen für 5 und 3 Lupen für 6 richtige Antworten:

Lupen-Zusatzaufgaben:

1. Wer sammelt die Hüte? Erkläre.
2. Sammelst du auch etwas? Erzähle.
3. Könnt ihr auch so eine Ausstellung machen? Plane. Schreibe auf.

Fall
17

Der Streich in der Nacht

1

Seit Wochen freuen sich die Kinder aus der 4b auf diesen Tag. Im Stuhlkreis treffen sie letzte Vorbereitungen. „Was bringt ihr mit?“, fragt die Lehrerin. Uta zählt auf: „Schlafsack, Taschenlampe, Zelt und eine Luftmatratze.“ Der alte Pfadfinder Pfiffig zeltet selbstverständlich auch mit.

2

Die Eltern bringen die Kinder abends zur Schule. Nach dem gemeinsamen Spielen, Grillen und der Nachtwanderung krabbeln die müden Kinder in ihre Zelte. Man hört noch Gemurmel: „Das Fußballspiel mit den Eltern fand ich toll.“ „Die Nachtwanderung war cool.“ „Die Salate schmeckten lecker.“

3

Nach kurzer Zeit verstummt das Gemurmel und um Mitternacht schlafen alle tief und fest. Auch Pfiffig und Lehrerin Pia Pinsel schlummern. Mitten in der Nacht ertönt ein lautes Zischen und Geschrei: „Hey, was soll das?“ Ein Mädchen beginnt zu weinen. Pfiffig sieht gerade noch ein Kind aus dem Zelt des weinenden Mädchens in ein anderes Zelt huschen.

4

„Ich hörte ein Zischen, sah eine dunkle Gestalt mit Taschenlampe aus meinem Zelt rennen und schon lag ich auf dem harten Boden“, erklärt die schluchzende Maria. Pia Pinsel und Pfiffig stecken ihre Köpfe in das Zelt, in das der Täter verschwunden war. Alle schlafen. „Ich weiß, wer nicht schläft“, meint Detektiv Pfiffig und entlarvt den Täter.

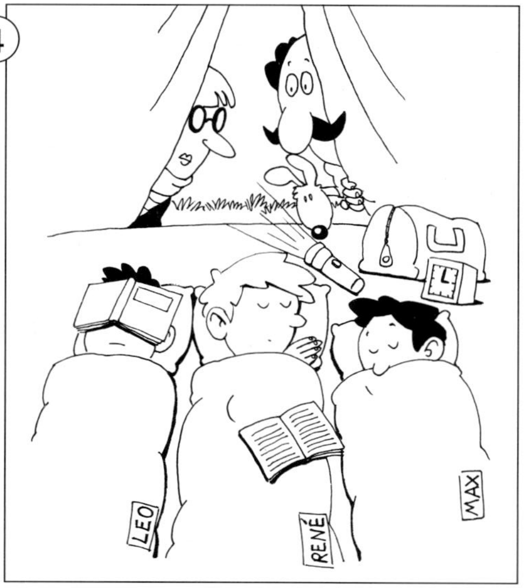

Lies. Erzähle. Male an. **Um wie viel Uhr wird der Streich gespielt? Kreise ein.**

Fall 17

Löse mit Detektiv Pfiffig den 17. Fall!

1. Was hat die 4b vor? Wann und wo treffen sie sich?

2. Welche Spiele und Aktivitäten finden statt?

3. Welcher Streich wird gespielt?

4. Wem wird der Streich gespielt?

5. Wie beschreibt Maria den Tathergang?

6. Wer hat den Streich gespielt? Begründe.

Antworte in ganzen Sätzen. ✓ → ☐ **Fall gelöst!**

Kontrolliere und verbessere.

Tipps zu den Fragen:

1. Lies Text 1 und schau dir Bild 1 an.
2. Lies Text 2.
3. Lies Text 3.
4. Lies Text 4.
5. Lies die Texte 3 und 4.
6. Schau dir Bild 4 an.

Kreuze an: 1 Lupe für 4, 2 Lupen für 5 und 3 Lupen für 6 richtige Antworten:

Lupen-Zusatzaufgaben:

1. Warst du auch schon einmal zelten? Erzähle.
2. Hast du schon einmal jemandem einen Streich gespielt? Oder wurde dir einer gespielt? Schreibe.
3. Dürft ihr mit eurer Klasse auch zelten? Plane.

Fall 18

Die falsche Rache

1

„Gebt mir den Ball wieder!“, schreit Lukas die Jungen Tim und Jens an. Sein Freund Peter kommt hinzu: „Könnt ihr zwei Störenfriede die anderen Kinder nicht einmal in Ruhe lassen?“
Auch Detektiv Pfiffig mischt sich ein und sorgt dafür, dass Lukas den Ball wiederbekommt.

2

Nach der hitzigen Hofpause hält Pfiffig einen Vortrag über seine Arbeit als Detektiv. Alle Kinder der 2a hören ihm gebannt zu. Peter und Tim betreten den Klassenraum mit Verspätung. Pfiffig berichtet unbeirrt: „Schon in eurem Alter habe ich davon geträumt, Detektiv zu werden. Ich kaufte mir eine Lupe, einen Notizblock …“

3

Doch seine Erzählungen werden jäh unterbrochen. „Hilfe! Hilfe! Holt mich hier raus!“, ruft ein Kind. Lehrer Edgar Engel und Pfiffig rennen auf den Gang. Aus einem Schrank kommen die Schreie. Pfiffig löst den Gürtel, der um die Türgriffe des Schranks gebunden wurde.

4

Nun kann er den Schrank öffnen. Im Schrank ist Lukas: „Zum Glück! Tim und Jens haben mich in den Schrank gesperrt. Meine Brille ist dabei auch kaputt gegangen.“ „Ich verstehe, dass du sauer auf die beiden bist. Aber du lügst. Ihr wollt euch nur rächen, du und dein Komplize“, meint Detektiv Pfiffig.

Lies. **Erzähle.** **Male an.** **Wer ist Lukas' Komplize?** ______________________

Fall 18

Löse mit Detektiv Pfiffig den 18. Fall!

1. Wer hat Streit miteinander? Und wann?

2. Warum streiten sich die Jungen?

3. Worüber hält Detektiv Pfiffig einen Vortrag? Und vor wem?

4. Was hören Pfiffig und Lehrer Engel plötzlich? Und woher?

5. Warum kann man den Schrank nicht von innen öffnen?

6. Wieso weiß Pfiffig, dass Lukas lügt und wer sein Komplize ist?

Antworte in ganzen Sätzen. ✓ → ☐ **Fall gelöst!**

Kontrolliere und verbessere.

Tipps zu den Fragen:

1. Lies die Texte 1 und 2.
2. Lies Text 1.
3. Lies Text 2.
4. Lies Text 3.
5. Lies Text 3. Schau dir Bild 3 an.
6. Lies Text 4. Schau dir Bild 4 an.

Kreuze an: 1 Lupe für 4, 2 Lupen für 5 und 3 Lupen für 6 richtige Antworten:

Lupen-Zusatzaufgaben:

1. Wolltest du dich auch schon einmal rächen? Erzähle.
2. Was machst du am liebsten in der Pause? Gestalte ein Pausenspiel-Poster.
3. Wie kann man Streit (in der Pause) schlichten? Sammle Ideen.

Fall 19

Die kleinen Lügenbarone

1 Die Klasse 3b von Karl Komma bekommt Besuch von Detektiv Pfiffig. „Die Kinder haben sich viele kniffelige Lügentexte ausgedacht. Ob du alle Lügen finden kannst?“, fragt der Deutschlehrer. „Ich werde versuchen, eure Lügen zu entdecken“, lacht Pfiffig freundlich.

3 Ulf und Linda erzählen die zweite Geschichte:

„Im Sommer 1536 flog Peter nach Amerika, genauer gesagt nach Rom. Danach reiste er im gleichen Jahr – es war nun Frühling – in die Arktis. Da machte er Fotos von Eisbären und Pinguinen. Zuletzt flog Peter nach Afrika und badete im Amazonas.“

2 Alex beginnt und liest seine Lügengeschichte mit der Überschrift „Seemannsgarn“ vor:
„Wir schreiben den 31. Februar 1954. Der blinde Kapitän Kanonenrohr ruft: ‚Ich bin 37 Jahre alt. Aber einen so schönen Sonnenaufgang habe ich in den 38 Jahren, die ich zur See fahre, noch nie gesehen.‘“

4 Pfiffig lobt die Kinder: „Ihr habt euch tolle Lügengeschichten ausgedacht. Meine grauen Gehirnzellen müssen sich gehörig anstrengen. Aber ich glaube, ich habe alle Lügen gefunden.“

Detektiv Pfiffig findet tatsächlich alle neun Lügen. Du auch?

Lies. **Erzähle.** **Male an.** **Wie heißt die Geschichte von Ulf und Linda? Kreise ein.**

Fall 19

Löse mit Detektiv Pfiffig den 19. Fall!

1. Welches Fach unterrichtet Karl Komma in der Klasse 3b?

2. Wie heißt die Lügengeschichte von Alex?

3. Was hat der Kapitän laut eigener Aussage noch nie gesehen?

4. In welchem Jahr verreiste Peter?

5. Findest du die Lügen der 1. Geschichte? Schreibe 2 davon auf.

6. Findest du die Lügen der 2. Geschichte? Schreibe 3 davon auf.

Antworte in ganzen Sätzen. ✓ ➡ ☐ **Fall gelöst!**

Kontrolliere und verbessere.

Tipps zu den Fragen:

1. Lies Text 1.
2. Lies Text 2.
3. Lies Text 2.
4. Lies Text 3.
5. Lies Text 2. Es sind 3 Lügen versteckt.
6. Lies Text 3. Es sind 6 Lügen versteckt.

Kreuze an: 1 Lupe für 4, 2 Lupen für 5 und 3 Lupen für 6 richtige Antworten:

Lupen-Zusatzaufgaben:

1. Male ein Bild zu einer der Lügen-Geschichten.
2. Wer war Baron Münchhausen (Poster in Bild 3)? Forsche im Internet.
3. Sammle Lügen. Schreibe nun selbst eine Lügengeschichte.

Fall 20

Der Flohmarkt-Überfall

1 Einige Kinder der Neu-Schule wollen einen Flohmarkt veranstalten. Das Geld wollen sie armen Menschen spenden. Im Unterricht üben sie das Rechnen mit Geld und das Verhandeln. In ganz Knobelhausen hängen sie ihre Werbeplakate auf. „Tolle Idee! Ich komme“, verspricht Pfiffig den Kindern.

2 Zehn Tage später ist es soweit …

Die Knobelhausener kaufen viele Bücher, Spiele und Stofftiere. „Wie teuer sind dieser Krimi und diese Lupe?“, fragt Pfiffig. „Das Buch kostet 1,50 € und die Lupe 3,70 €“, schlägt Marc aus der Klasse 4a vor. „Einverstanden“, sagt Pfiffig freundlich.

3 Bis zum Abend sind fast alle Sachen verkauft. Der Flohmarkt war ein voller Erfolg. Unter großem Jubel verkündet Lehrer Ecki Eckstoß den Erlös des Flohmarkts: „Wir haben 948,20 € eingenommen!“ Gitti Gitarre bittet einen Vater, die Tasche mit dem Geld in ihr Auto zu legen.

4 Plötzlich hören die Flohmarktbesucher Hilfeschreie vom Parkplatz. Alle laufen dorthin. Der Vater liegt auf dem Boden, neben ihm die Tasche. Pfiffig hebt sie auf. „Ein großer, bärtiger Mann hat mir die Tasche entrissen und die Geldscheine in seine Jacke gestopft. Dann ist er weggerannt“, erklärt der verstörte Vater. „Sie lügen“, meint Pfiffig.

Lies. **Erzähle.** **Male an.** **Welche Klassen veranstalten den Flohmarkt? Kreise ein.**

Fall 20

Löse mit Detektiv Pfiffig den 20. Fall!

1. Was wollen die Kinder mit dem Geld aus dem Flohmarkt machen?

2. Wie viel Euro bezahlt Pfiffig für den Krimi und die Lupe insgesamt?

3. Wer verkündet den Erlös? Und wie hoch ist der Erlös?

4. Wer bringt die Tasche mit dem Geld wohin?

5. Wer soll das Geld geklaut haben?

6. Wieso meint Pfiffig, dass der Bestohlene lügt? Wer ist der Dieb?

Antworte in ganzen Sätzen. ✓ ➡ ☐ **Fall gelöst!**

Kontrolliere und verbessere.

Tipps zu den Fragen:

1. Lies Text 1.
2. Lies Text 2.
3. Lies Text 3.
4. Lies die Texte 3 und 4.
5. Lies Text 4.
6. Lies Text 4 und schau dir Bild 4 an.

Kreuze an: 1 Lupe für 4, 2 Lupen für 5 und 3 Lupen für 6 richtige Antworten:

Lupen-Zusatzaufgaben:

1. Wann hängen die Kinder die Plakate auf? Erkläre.
2. Warst du schon einmal auf einem Flohmarkt? Male. Schreibe.
3. Willst du auch einen Flohmarkt veranstalten? Plane. Schreibe.

Fall 21

Lesenacht in der Neu-Schule

1

Auf dem Weg zur Neu-Schule unterhalten sich Kinder der 3b über die Lesenacht: „Ich habe drei Kinder-Krimibücher und eine Kerze zum Lesen mitgebracht, Nico.“ „Ich habe mein dickes Märchenbuch dabei. Leider sind die Batterien für meine Taschenlampe leer, Pia, aber vielleicht kann mir jemand seine leihen.“ „Und du, Lukas?“ …

2

Die Kinder ordnen alle mitgebrachten Bücher nach Themen: Märchen, Krimis, Comics und Co.
Karl Komma und Detektiv Pfiffig eröffnen die Lesenacht: „Ihr dürft nun alleine oder mit anderen Kindern lesen. Bitte denkt daran, dass das Rennen und Fangen im Schulhaus und das Feuermachen verboten sind. Wir wünschen euch viel Spaß!“

3

Um Mitternacht betreten Pfiffig und Komma das lesende Klassenzimmer: „Schlafenszeit! Bringt bitte alle Bücher wieder zurück und legt euch hin.“ Nach einigen lautstarken Protesten krabbeln alle in ihre Schlafsäcke, schlummern schließlich ein und träumen von Prinzen, Detektiven und Superhelden.

4

Morgens weckt Pfiffig die Kinder behutsam. Er öffnet leise die Tür, schleicht in das Zimmer, schaut sich um und flüstert: „Guten Morgen, Kinder.“ Als alle Kinder wach sind, sagt er mahnend: „Während die anderen geschlafen haben, hat einer von euch mindestens zwei Bücher gelesen. Dieses Kind hat dadurch alle anderen in große Gefahr gebracht!“

Lies. **Erzähle.** **Male an.** **Welche Bücher bringt Pfiffig mit? Kreise ein.**

Fall 21

Löse mit Detektiv Pfiffig den 21. Fall!

1. Welche Bücher bringt Pia mit? Und welche Lukas?

2. Was liest Pfiffigs Hund Fiffi?

3. Was verbieten Pfiffig und Lehrer Karl Komma? Und warum?

4. Zu welcher Uhrzeit ist die Lesezeit vorbei?

5. Woran erkennt Pfiffig, dass ein Kind noch gelesen hat?

6. Welches Kind hat gelesen? Und welche Bücher?

Antworte in ganzen Sätzen. ✓ ➡ ☐ **Fall gelöst!**

Kontrolliere und verbessere.

Tipps zu den Fragen:

1. Lies Text 1. Schau dir Bild 1 an.
2. Schau dir Bild 2 an.
3. Lies Text 2.
4. Lies Text 3.
5. Schau dir Bild 4 an.
6. Schau dir die Bilder 3 und 4 an.

Kreuze an: 1 Lupe für 4, 2 Lupen für 5 und 3 Lupen für 6 richtige Antworten:

Lupen-Zusatzaufgaben:

1. Wenn das Kind nachts gelesen hat, saß es im Dunkeln. Male die Szene.
2. Stelle dein Lieblingsbuch vor.
3. Möchtest du auch eine Lesenacht machen? Plane. Schreibe.

Fall 22

Der verschlüsselte Abschiedsbrief

1 Die Kinder der Klasse 3a sind vergnügt und ausgelassen. Denn heute ist ihr letzter Schultag vor den Sommerferien. Nach dem Aufräumen des Klassenraumes, der Schulbuchabgabe und der Zeugnisausgabe setzen sich alle ein letztes Mal im Stuhlkreis gemütlich zusammen.

YVROR XVAQRE QRE
XYNFFR 3N!
JVE UBSSRA, VUE UNOG
GBYYR SREVRA.
JVE QRAXRA NA RHPU!
JVE UNORA ABPU RVARA
FPUNGM SHRE RHPU
IREFGRPXG. RE VFG
UVAGRE QRZ PBZCHGRE!
RHRE CSVSSVT HAQ
SVSSV

2 „Bevor gleich eure Sommerferien beginnen, habe ich noch einen Brief für euch“, flüstert Lehrerin Gitti Gitarre geheimnisvoll und zeigt den Kindern einen Umschlag. Hastig reißen die Schüler den Briefumschlag auf und holen zwei Zettel hervor. „Eine verschlüsselte Botschaft!“, ruft Luisa.

3 „Wer hat uns wohl diesen Brief geschrieben?“, fragt sich Julian laut. Die meisten Kinder haben aber bereits eine Vermutung, wer die Absender des Briefes sein könnten. Sofort versuchen die kleinen Detektive, die Botschaft mithilfe des Codes auf dem zweiten Papier zu entschlüsseln.

4 Den Kindern gelingt es tatsächlich. Nachdem sie die Nachricht gelesen haben, machen sie sich gemeinsam auf die Suche und finden einen „süßen Schatz“. Alle Kinder jubeln: „Hurra! Schade, dass die Absender den Ferienbeginn nicht mitfeiern können.“ Jedoch sind die „Briefe-Schreiber“ gar nicht so weit weg, wie die Kinder vermuten.

Tschüs!

Lies. **Erzähle.** **Male an.** **Wo versteckt sich der vierbeinige „Briefeschreiber“? Kreise ein.**

Fall 22

Löse mit Detektiv Pfiffig den 22. Fall!

1. Warum sind die Kinder der 3a so fröhlich?

2. Was machen die Kinder, bevor sie sich in den Stuhlkreis setzen?

3. In welchen Fächern haben Kai Meier und Karl Mai die Note „1“?

4. Wie funktioniert dieser Code? Erkläre.

5. Wie lautet die entschlüsselte Botschaft?

6. Welchen „Schatz“ finden die Kinder? Und wo?

Antworte in ganzen Sätzen. ✓ ➡ ☐ **Fall gelöst!**

Kontrolliere und verbessere.

Tipps zu den Fragen:

1. Lies Text 1.
2. Lies Text 1 und schau dir Bild 1 an.
3. Schau dir Bild 1 an.
4. Schau dir Bild 3 an.
5. Schau dir die Bilder 2 und 3 an.
6. Schau dir Bild 4 an.

Kreuze an: 1 Lupe für 4, 2 Lupen für 5 und 3 Lupen für 6 richtige Antworten:

Lupen-Zusatzaufgaben:

1. Schreibe einem Mitschüler eine geheime Nachricht mithilfe des Codes.
2. Was machst du am letzten Schultag. Male.
3. Was macht ihr in den Sommerferien? Schreibt einen Spiel- und Spaß-Plan.

Lupen-Zusatz-Fall ____________________ von ____________________

1 ______________________

2 ______________________

3 ______________________

4 ______________________

Schreibe selbst einen Mini-Krimi. Male Bilder dazu. Erfinde eine Detektiv-Suchaufgabe.

Pfiffigs Detektiv-Wörter-Liste

abhören	Fall	Handschellen	Steckbrief
Alarmanlage	Falschgeld	Hinweis	stehlen
alarmieren	Fälschung, gefälscht	Kartei	suchen
Angst	fassen	klauen	Taschendieb
aufdecken	Fernglas	kombinieren	Taschenlampe
Aussage	Festnahme	Kommissar	Tat
Ausweis	Fingerabdruck	kostbar	Täter
befragen	fliehen, Flucht	lauschen	Tatort
Belohnung	Foto	Lüge, lügen	Tatzeit
beobachten	fotografieren	Lupe	Trick
beschreiben	Funkgerät	merkwürdig	Überfall, überfallen
Beweis, beweisen	fürchten	mutig	überlegen
Botschaft	Gauner	notieren, Notiz	Uhr, Uhrzeit
Code	gefährlich	Notizblock	unheimlich
Detektiv	Gefängnis	Opfer	untersuchen
Detektivbüro	geheim	Pistole	Verbrechen
Detektiv-Klub	Geheimgang	Polizei, Polizist	Verdacht, verdächtigen
Diamanten	Geheimnis	Rätsel	verfolgen
Dieb	Geheimsprache	rauben, Räuber	verletzen, Verletzung
Diebstahl	Geheimschrift	schleichen	verraten
durchsuchen	Geld	Schmuck	verschwinden
entdecken	Geräusche	Schuss	verstecken
entschlüsseln, entziffern	gestehen	seltsam	wertvoll
ermitteln	Gold	spannend	Zeuge
erwischen	grübeln	Spur	zugeben

Du kannst diese Wörter in deinem Zusatz-Lupen-Fall verwenden. **Schlage die Wörter nach, die du nicht kennst.**

Lösungskarten für die Selbstkontrolle: Cover für das Lösungsheft und das Lehrerkollegium

An dieser Stelle die Kanten aneinanderheften.

Lösungskarten

Kontrolliere.

✓ **Fall gelöst?**

Detektiv Pfiffig sucht seine Lupe. Findest du sie? Kreise sie ein.

Lösungskarten für die Selbstkontrolle: Fälle 1 und 2

Fall 1

Findest du Pfiffigs Neffen? Kreise ein.

1. Wie heißt Pfiffigs Neffe? Und was macht er an der Neu-Schule?

   Pfiffigs Neffe heißt Fridolin. Er wird eingeschult.

2. Wie heißen die Lehrer von Pfiffigs Neffen und Ben?

   Fridolins Lehrerin ist Direktorin Dalli-Dalli und Bens Lehrer heißt Ecki Eckstoß.

3. Wo waren Johannes, Ben und Rita angeblich in den Ferien?

   Sie waren angeblich in Ägypten, Italien (Rom) und Australien.

4. Was stimmt an Johannes' Ferienfoto und Ferienbericht nicht?

   Auf dem Foto sieht man ihn auf einem Dromedar (kein Lama) in der Abendsonne (langer Schatten) und nicht in der Mittagssonne.

5. Was stimmt an Bens Ferienfoto nicht?

   Koalabären fressen keine Bananen, sondern Eukalyptusblätter. Und sie haben keine langen Schwänze. Das Foto ist eine Fälschung.

6. Was stimmt an Ritas Erzählung nicht?

   Es gibt keine Stierkämpfe in Italien, sondern in Spanien.

Fall 2

Findest du den Kakaokasten? Kreise ein.

1. Wer ruft bei Detektiv Pfiffig an? Und wann?

   Der Hausmeister Kurt Kehrblech ruft um 9 Uhr bei Pfiffig an.

2. Was wurde gestohlen? Und wer wurde bestohlen?

   Der Kakaokasten der Klasse 3a wurde gestohlen.

3. Wohin stellt der Hausmeister die Kakaokästen normalerweise?

   Der Hausmeister stellt die Kakaokästen normalerweise in ein Regal im Flur.

4. Wo spricht Pfiffig mit welchen Schulkindern? Und wann?

   Pfiffig spricht in der ersten Pause mit Willi Winter, Lisa Lichter und Peter Panik. Er spricht mit den Kindern auf dem Schulhof beim Klettergerüst.

5. Welche Kinder sind morgens zur Toilette gegangen?

   Kai Kachel, Willi Winter und Peter Panik aus der Klasse 3a sind morgens zur Toilette gegangen.

6. Wer ist der Kakaodieb? Begründe.

   Willi Winter ist der Kakaodieb. Denn er erzählt, dass der Hausmeister den Kakao ins Lehrerzimmer gestellt hat. Genau dies konnte aber nur der Dieb wissen.

Lösungskarten für die Selbstkontrolle: Fälle 3 und 4

Fall 3

Um wie viel Uhr legt sich Pfiffig auf die Lauer? Kreise ein.

1. Von welchen Kindern aus der 4b wurden Sammelkarten geklaut?
   Es wurden von Ken, Lars und Felix Sammelkarten geklaut.
2. Aus welchen Klassen wurden Sammelkarten gestohlen?
   Aus den Klassen 4b, 1b und 2b wurden Sammelkarten gestohlen.
3. Wer unterrichtet die Klasse 2b?
   Leo Lupe unterrichtet die Klasse 2b.
4. Was macht Pfiffig, um den Täter zu überführen?
   Pfiffig legt sich an einem Freitag zwischen 9.45 Uhr und 10 Uhr in der Schule auf die Lauer.
5. Wohin geht das ältere Mädchen?
   Das ältere Mädchen geht zur Tür der Klasse 1b von Maria Millimeter.
6. Wieso weiß Pfiffig, dass das Mädchen lügt?
   Das Mädchen behauptet, sie wäre die letzten Freitage im Unterricht gewesen. Aber nur der Dieb konnte wissen, dass die Karten immer freitags gestohlen wurden.

Fall 4

Woran sieht Pfiffig, wer das Pausenbrot besorgt hat? Kreise ein.

1. Wer unterhält sich in der Hofpause miteinander?
   In der Hofpause unterhalten sich die Geschwister Karin Knallerbse aus der 3b, Karl Knallerbse aus der 4a und Knut Knallerbse aus der 1. Klasse miteinander.
2. Warum ist der Erstklässler hungrig?
   Knut ist hungrig, weil er sein Pausenbrot zu Hause vergessen hat.
3. Warum hat die Schwester Angst um ihren kleinen Bruder?
   Karin möchte nicht, dass Knut während der Schulzeit die Schule verlässt. Sie hat Angst, dass er einen Unfall haben könnte.
4. Was hat der große Bruder in der Pause gegessen?
   Der große Bruder Karl hat in der Pause Obst und Müsli gegessen.
5. Was macht der Erstklässler am Ende der Hofpause?
   Am Ende der Hofpause isst Knut ein leckeres Käsebrot.
6. Wer hat dem Erstklässler das Frühstück wie besorgt? Begründe.
   Der große Bruder hat Knut das Pausenbrot besorgt. Karl ist mit seinem Fahrrad nach Hause gefahren. Man sieht an den Katzenaugen und der Position, dass Karls großes Fahrrad bewegt wurde.

Lösungskarten für die Selbstkontrolle: Fälle 5 und 6

Fall 5

Welche Klasse unterrichtet die kranke Lehrerin? Kreise ein.

1. Warum stellen die Kinder Namensschilder auf ihre Tische?

   Die Kinder stellen Namensschilder auf ihre Tische, damit der Vertretungslehrer Pfiffig sie sofort mit dem richtigen Namen ansprechen kann.

2. Was sollen die Kinder machen, bis Pfiffig kommt?

   Die Kinder sollen im Klassenzimmer bleiben und die Hausaufgaben miteinander vergleichen.

3. Was macht Pfiffig, als er angerufen wird? Und Hund Fiffi?

   Pfiffig frühstückt gerade, als er angerufen wird. Sein Hund Fiffi spielt Kellner und gießt ihm ein Getränk ein.

4. Warum weiß Pfiffig, dass die in die Schule huschenden Kinder aus seiner Vertretungsklasse sind?

   Die Kinder rufen: „Pfiffig ist schon da!" Nur die Kinder der 1b wussten, dass Pfiffig zur Neu-Schule kommt.

5. Was bedeutet Pfiffigs Zeichen, als er den Klassenraum betritt?

   Pfiffigs Zeichen „Mund zu und Ohren spitz" bedeutet, dass die Kinder still sein und zuhören sollen.

6. Welche Kinder haben den Klassenraum verlassen? Begründe.

   Nina und Tim haben den Klassenraum verlassen. Pfiffig weiß das, weil Nina durch den plötzlichen Regen ganz nass ist und Tim seine Jacke über dem Stuhl hängen hat.

Fall 6

In welcher Stadt ist die Kunstausstellung? Kreise ein.

1. Wohin machen die Schüler von Pia Pinsel einen Ausflug?

   Die Klasse 4b macht mit Pia Pinsel einen Ausflug zu einer Kunstausstellung in ein Museum.

2. Wie heißt die Kunstausstellung?

   Die Kunstausstellung heißt „Picasso, Dali, Klimt & Co.".

3. Wie heißt das Gemälde von Pablo Picasso und was zeigt es?

   Das Gemälde von Pablo Picasso heißt „Guernica". Es zeigt den Schrecken des Krieges.

4. Wo wurde Hundertwasser geboren? Wie ist sein Vorname?

   Hundertwasser wurde in Wien (Österreich) geboren und hieß mit Vornamen Friedensreich.

5. In welchem Land lebte Salvador Dalí?

   Salvador Dalí lebte wie Pablo Picasso in Spanien.

6. Welche beiden Gemälde sind Fälschungen? Begründe.

   Picassos „Guernica" ist eine Fälschung, weil die Jahreszahl auf dem Bild (1873) nicht stimmen kann. Picasso wurde erst 1881 geboren. Hundertwassers Bild ist auch gefälscht. Die Unterschrift hat nur ein „s".

Lösungskarten für die Selbstkontrolle: Fälle 7 und 8

Fall 7

Wie viele Polizisten sind mindestens am Tatort? 8

1. Wohin fahren die 3. und 4. Klassen der Neu-Schule?
   Die 3. und 4. Klassen der Neu-Schule fahren nach Berlin, der Hauptstadt Deutschlands.
2. Wie heißt die Jugendherberge?
   Die Jugendherberge heißt „Waldesruh“.
3. Wer fährt alles mit zur Stadtbesichtigung?
   Die Kinder der 3. und 4. Klassen, die Lehrer, Detektiv Pfiffig mit Fiffi und Herr Link fahren mit zur Stadtbesichtigung.
4. Welche Gebäude besichtigen sie?
   Sie besichtigen das Brandenburger Tor, die Gedächtniskirche, den Reichstag, die Siegessäule und einen Ort, an dem die Berliner Mauer stand.
5. Warum können die Herbergsgäste nachts nicht schlafen?
   Die Herbergsgäste können nachts nicht schlafen, weil sie Heimweh haben und ein Gewitter tobt.
6. Wieso weiß Pfiffig, dass der Herbergsvater, Herr Link, lügt?
   Der Rasen unter seinem Auto ist noch trocken. Wäre Herr Link nach Hause gefahren, wäre das Gras durch den Regen in der Nacht nass und platt geworden.

Fall 8

Findest du Pfiffig und seinen Hund Fiffi? Kreise ein.

1. Wie heißt der Lehrer der „Zauberklasse“?
   Der Lehrer der „Zauberklasse“ heißt Karl Komma.
2. Wann findet die Vorstellung statt?
   Die Zaubervorstellung findet am Freitag, den 11. Dezember statt. (Kalender: 7. Dezember + Einladung: Freitag + in Text 1: „In vier Tagen ...“)
3. Was üben die kleinen Zauberer?
   Die kleinen Zauberer üben ihre Tricks. Einige Kinder feilen an ihrer Fingerfertigkeit, andere Kinder üben das Sprechen bei ihrem Zaubertrick.
4. Was machen Laura, Pia, Kai und Lukas? Und für wen?
   Laura, Pia, Kai und Lukas schreiben und malen Einladungen für die anderen Klassen, Eltern, Lehrer und Detektiv Pfiffig.
5. Wie funktioniert der Trick „Die sprechende Blume“?
   Im Karton unter der Blumenvase liegt ein Walkie-Talkie (Bild 1). Ein Mitschüler flüstert in das andere Walkie-Talkie: „Hallo, liebe Zuschauer!“
6. Wie funktioniert der Trick „Das verschwundene Mädchen“?
   Hinter der 2. Wand steht von Anfang an Leas Zwillingsschwester Pia (Bild 1). Lea geht hinter die 1. Wand und Pia kommt hinter der 2. Wand zum Vorschein.

Lösungskarten für die Selbstkontrolle: Fälle 9 und 10

Fall 9

Woran sieht Pfiffig, wer die Täter sind? Kreise ein.

1. In welchem Monat findet der Schneemann-Wettbewerb statt?

   Der Schneemann-Wettbewerb findet im Dezember statt, da in einigen Tagen die Weihnachtsferien beginnen.

2. Wann dürfen die Kinder Schneemänner bauen? Und wo?

   Die Kinder dürfen die Schneemänner in den beiden Hofpausen auf dem Schulhof bauen.

3. Wer hat bis zum Ende der 1. Pause den größten Schneemann gebaut?

   Laut Kurt Kehrblech hat die Klasse 3a bis zum Ende der 1. Hofpause den größten Schneemann gebaut.

4. Was passiert zwischen der 1. Hofpause und der 4. Stunde?

   Zwischen der 1. Hofpause und der 4. Stunde hat jemand den Schneemann der 4b größer gemacht und den Schneemann der 3a zerstört.

5. Was empfiehlt Pfiffig den Tätern?

   Pfiffig empfiehlt, dass sich die beiden Täter freiwillig melden, sich entschuldigen und die Schneemänner in ihren alten Zustand bringen sollten.

6. Wer hat welchen Schneemann wie verändert? Begründe.

   Ken hat den Schneemann der 3a zerstört, Susi hat am Schneemann der 4b weitergebaut. Ihre Schuhsohlen passen mit den Abdrücken im Schnee überein. Auf den Klassenfotos sieht man, wer wie heißt.

Fall 10

Wieso weiß Pfiffig, dass die Mädchen schwänzen? Kreise ein.

1. Was möchte Detektiv Pfiffig kaufen?

   Detektiv Pfiffig möchte sich eine neue Lupe und eine Pfeife kaufen.

2. Über welches Handy unterhalten sich die Mädchen? Was ist am Handy besonders?

   Die Mädchen unterhalten sich über das Handy „H4“, weil man mit dem Handy Musik hören, fotografieren, fünf Spiele spielen, im Internet surfen und sogar Mini-Filme drehen kann.

3. Wie heißen die Mädchen und ihre Lehrerin?

   Die Mädchen heißen Ute und Carolin und ihre Lehrerin heißt Pia Pinsel.

4. Was vermuten die Mädchen, warum Pfiffig im Kaufhaus ist?

   Die Mädchen vermuten, dass Pfiffig dort als Kaufhausdetektiv tätig ist.

5. Wie wird Diebstahl laut Pfiffig bestraft? Was passiert noch?

   Diebstahl ist ein Verbrechen. Die Mädchen müssten den Schaden bezahlen und ihre Eltern würden informiert werden. Außerdem würde es in der Schule viel Gerede deshalb geben.

6. Was haben die Mädchen gestohlen? Begründe.

   Ute hat eine Halskette und Carolin eine Armbanduhr gestohlen. Auf Bild 2 tragen die Mädchen keinen Schmuck, auf Bild 4 hat Ute die Halskette und Carolin die Armbanduhr an.

Lösungskarten für die Selbstkontrolle: Fälle 11 und 12

Fall 11

In welchem Jahr wurde Gitti Gitarre geboren? _Dieses Jahr – 40_. *(z. B. 2015 – 40 = 1975)*

1. Warum wird in der Neu-Grundschule gefeiert?
   In der Neu-Schule wird gefeiert, weil Gitti Gitarre einen runden Geburtstag hat. Sie wird 40 Jahre alt.
2. Warum ist Hausmeister Kurt Kehrblech nicht da? Wer vertritt ihn?
   Herr Staubi vertritt Kurt Kehrblech, weil der krank ist.
3. Was bekam Gitti Gitarre von ihrem Mann geschenkt?
   Gitti Gitarre bekam von ihrem Mann einen Kristall-Ring, der mit einem Diamanten besetzt ist, geschenkt.
4. Warum legt Gitti Gitarre das Geschenk beiseite?
   Gitti Gitarre legt den Ring beiseite, weil sie das Geschirr spülen möchte.
5. Wer ruft Pfiffig an? Und warum?
   Leo Lupe ruft Pfiffig an, weil die Lehrer zwar den „Ring-Dieb", Herrn Staubi, gestellt haben, aber den Ring nicht finden können.
6. Wo ist das Geschenk von Gitti Gitarre versteckt?
   Herr Staubi hat den Ring in das Wasserglas geworfen. Da er ganz aus Kristall ist, ist er praktisch unsichtbar.

Fall 12

Findest du die gestohlene Krone? Kreise ein.

1. Wie hat sich Pfiffigs Hund Fiffi verkleidet?
   Fiffi hat sich als Karatekämpfer oder Judoka verkleidet.
2. Was isst Pia vom Buffet? Und was Fiffi?
   Pia isst einen Apfel, Paprika, Cornflakes und Gummibären.
   Fiffi futtert einen Knochen.
3. Was macht Pia mit ihrer Krone während des Essens?
   Pia stellt ihre Krone während des Essens auf den Tisch.
4. Wer öffnet plötzlich die Klassenzimmertür? Und warum?
   Eine Meute laut singender Kinder öffnet die Tür, weil sie eine Polonaise mit Kindern und Lehrern durch die Schule machen.
5. Wieso weiß Pia, dass ein Cowboy ihre Krone stibitzt hat?
   Pia weiß, dass ein Cowboy ihre Krone stibitzt hat, weil sie während der Polonaise durch ein Fenster in ihre Klasse geschaut und dort den Cowboy gesehen hat.
6. Welcher Cowboy ist der „Kronen-Dieb"? Begründe.
   Hüte und Pistolen kann man weglegen, die Zahnlücke und den Lockenkopf kann man nicht verändern. Also hat der Cowboy ohne Hut in der hinteren Reihe die Krone stibitzt.

Lösungskarten für die Selbstkontrolle: Fälle 13 und 14

Fall 13

Woher weiß Pfiffig, dass nicht eingebrochen wurde? Kreise ein.

1. Wann wird um wie viel Uhr geliefert?
   Um 15 Uhr werden neue Computer in die Neu-Schule geliefert.
2. Was können die Kinder mit den Computern laut Moni Mut machen?
   Moni Mut meint, dass die Kinder mit den Computern im Internet surfen und Texte schreiben können.
3. Wann leuchtet der Alarm bei der Polizei? Wer bemerkt den Alarm?
   Das Alarmlicht leuchtet um 0.10 Uhr. Den Alarm bemerkt Kommissar Hansi Klein.
4. Was meint der Kommissar zu Tathergang und Täter?
   Kommissar Hansi Klein meint, der Einbrecher hat mit einem Hammer die Scheibe eingeschlagen und dann das Fenster geöffnet. Er denkt, dass Tom Taste der Täter ist.
5. Wer besitzt einen Alarmschlüssel?
   Direktorin Dalli-Dalli, Kurt Kehrblech, alle Lehrer, Moni Mut und die Putzfrau besitzen einen Alarmschlüssel.
6. Wer ist Täter oder zumindest Mittäter? Warum?
   Die Putzfrau hat mit dem Diebstahl zu tun. Die Tatzeit hatte niemand erwähnt, doch sie wusste die Tatzeit. Um von sich abzulenken, hat sie nach dem Diebstahl die Scheibe eingeschlagen und so den Alarm ausgelöst.

Fall 14

Findest du den gestohlenen Fußball? Kreise ein.

1. Wie heißt die Fußball-AG? Und wer betreut sie?
   Die Fußball-AG heißt „Dampfende Socke“ und wird vom Sportlehrer Ecki Eckstoß betreut.
2. Was zeigt Ecki Eckstoß unserem Detektiv Pfiffig?
   Ecki Eckstoß zeigt Pfiffig die Fußballplätze und die Umkleidekabinen für die Sportler.
3. Welche Tipps gibt Ecki Eckstoß? Und wofür?
   Ecki Eckstoß gibt den Kindern Tipps für das Elfmeterschießen. Sie sollen sich für eine Torecke entscheiden und mit der Fußinnenseite schießen.
4. Wie heißen die Stürmer?
   Die Stürmer heißen Jan und Ali.
5. Wie heißt der Torwart?
   Der Torwart heißt Marcel.
6. Wer ist der Fußball-Dieb? Begründe.
   Rudi Rasen ist der Fußball-Dieb. Der Fußball ist bei der Besichtigung der Umkleidekabinen noch in Marcels Sportbeutel. Rudi Rasen war als letzter in der Kabine.

Lösungskarten für die Selbstkontrolle: Fälle 15 und 16

Fall 15

Welchen „Flaggen-Buchstaben" zeigt Fiffi? Kreise ein.

1. In welcher Klasse sind die Kinder?
   Die Kinder sind in der dritten Klasse.
2. Wie heißt der Lehrer?
   Der Lehrer heißt Karl Komma.
3. Wie alt ist Detektiv Pfiffig?
   Detektiv Pfiffig ist „VIERZIG" Jahre alt.
4. Wie lautet Detektiv Pfiffigs Vorname?
   Detektiv Pfiffigs Vorname lautet „FRANZ".
5. Welches Hobby hat Detektiv Pfiffig?
   Detektiv Pfiffigs Hobby ist „KOCHEN".
6. Wer versteckt sich im Papierkorb? Begründe.
   Im Papierkorb versteckt sich Fiffi, weil nur er in den Papierkorb passt und er das Wort „WAU" klopft.

Fall 16

Welche Sammlung hat Pfiffig mitgebracht? Kreise ein.

1. Welche Klasse macht eine Ausstellung? Und wann?
   Die Klasse 2b macht am Montag („Wochenstart") eine Ausstellung.
2. Welche Sammlerstücke stellen Anna, Birgit, Peter, Max und Julia aus?
   Anna stellt Steine, Birgit kaputte Uhren, Peter Poster berühmter Sportler, Max Briefmarken und Julia Kuscheltiere aus.
3. Wie heißt der Lehrer?
   Der Lehrer der 2b heißt Leo Lupe.
4. Was stimmt an Peters Sammlung nicht?
   Auf dem Poster spielt Boris Becker Tischtennis. Er war aber Tennisspieler.
5. Was stimmt an Max' Sammlung nicht?
   Nur Briefmarke C ist korrekt. Das Schulgebäude hat keinen Schornstein wie in A und auf Briefmarke B ist der Wert 50 falsch.
6. Was stimmt an Julias Sammlung nicht?
   Auf Julias Ausstellungstisch sitzt zwischen den Kuscheltieren Pfiffigs Hund Fiffi.

Lösungskarten für die Selbstkontrolle: Fälle 17 und 18

Fall 17

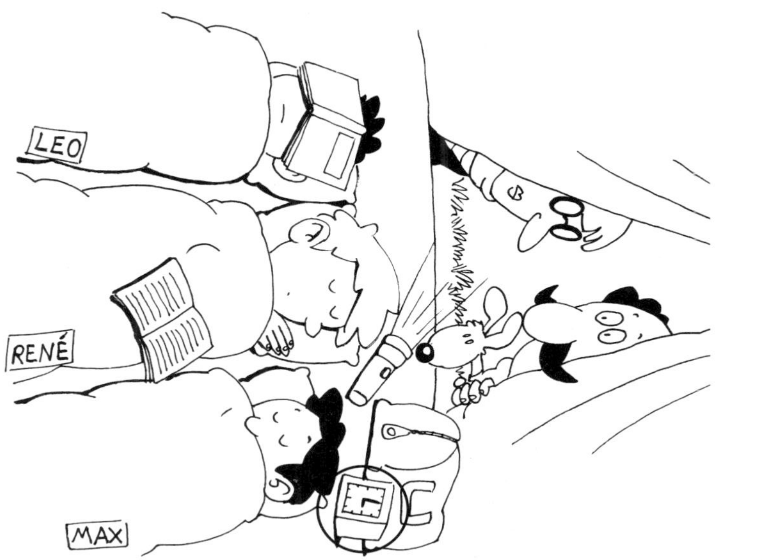

Um wie viel Uhr wird der Streich gespielt? Kreise ein.

1. Was hat die 4b vor? Wann und wo treffen sie sich?

   Die Klasse 4b will zelten und trifft sich am 26.5. um 18 Uhr auf der Wiese hinter der Neu-Schule.

2. Welche Spiele und Aktivitäten finden statt?

   Es wird gespielt (z. B. Fußball), gegrillt, gegessen und eine Nachtwanderung gemacht.

3. Welcher Streich wird gespielt?

   Ein Kind lässt die Luft aus der Luftmatratze eines anderen Kindes.

4. Wem wird der Streich gespielt?

   Der Streich wird Maria gespielt.

5. Wie beschreibt Maria den Tathergang?

   Maria erzählt, dass sie ein Zischen hörte und eine dunkle Gestalt aus dem Zelt rennen sah. Dann lag sie schon auf dem Boden.

6. Wer hat den Streich gespielt? Begründe.

   Leo hat den Streich gespielt. Es sieht so aus, als sei Leo beim Lesen eingeschlafen, denn das Buch liegt auf seinem Gesicht. Aber er hat die Hände nicht neben dem Buch, sondern im Schlafsack.

Fall 18

Wer ist Lukas' Komplize? *Peter*

1. Wer hat Streit miteinander? Und wann?

   Die Jungen Lukas, Tim, Jens und Peter haben in der Hofpause Streit miteinander.

2. Warum streiten sich die Jungen?

   Tim und Jens haben Lukas den Ball weggenommen. Deshalb streiten die Jungen.

3. Worüber hält Detektiv Pfiffig einen Vortrag? Und vor wem?

   Detektiv Pfiffig erzählt von seiner Arbeit als Detektiv. Die Kinder der Klasse 2a und Lehrer Engel hören zu.

4. Was hören Pfiffig und Lehrer Engel plötzlich? Und woher?

   Pfiffig und Lehrer Engel hören plötzlich Hilferufe aus einem Schrank im Gang.

5. Warum kann man den Schrank nicht von innen öffnen?

   Der Schrank lässt sich von innen nicht öffnen, weil ein Gürtel um die Türgriffe gebunden wurde.

6. Wieso weiß Pfiffig, dass Lukas lügt und wer sein Komplize ist?

   Lukas hätte nicht so lange mit dem „Um Hilfe"-Rufen gewartet, wenn ihn jemand dort eingesperrt hätte. Außerdem gehört der Gürtel seinem Komplizen Peter, der zu spät zu Pfiffigs Vortrag kommt.

Lösungskarten für die Selbstkontrolle: Fälle 19 und 20

Fall 19

Wie heißt die Geschichte von Ulf und Linda? Kreise ein.

1. Welches Fach unterrichtet Karl Komma in der Klasse 3b?
   Karl Komma unterrichtet in der Klasse 3b das Fach Deutsch.
2. Wie heißt die Lügengeschichte von Alex?
   Die Lügengeschichte von Alex heißt „Seemannsgarn".
3. Was hat der Kapitän laut eigener Aussage noch nie gesehen?
   Kapitän Kanonenrohr hat noch nie einen so schönen Sonnenaufgang gesehen.
4. In welchem Jahr verreiste Peter?
   Peter verreiste im Sommer 1536.
5. Findest du die Lügen der 1. Geschichte? Schreibe 2 davon auf.
   Es gibt keinen 31. Februar. Der Kapitän kann nicht 37 Jahre alt sein und 38 Jahre zur See fahren. Da er blind ist, kann er keine Sonne sehen.
6. Findest du die Lügen der 2. Geschichte? Schreibe 3 davon auf.
   1536 konnte man nicht in einem Flugzeug fliegen. Rom liegt nicht in Amerika. Nach dem Sommer kommt nicht der Frühling. 1536 konnte man keine Fotos machen. Pinguine leben in der Antarktis. Der Amazonas ist in Süd-Amerika.

Fall 20

Welche Klassen veranstalten den Flohmarkt? Kreise ein.

1. Was wollen die Kinder mit dem Geld aus dem Flohmarkt machen?
   Die Kinder wollen das eingenommene Geld armen Menschen spenden.
2. Wie viel Euro bezahlt Pfiffig für den Krimi und die Lupe insgesamt?
   Pfiffig muss für den Krimi und die Lupe insgesamt 5,20 € bezahlen (1,50 € + 3,70 €).
3. Wer verkündet den Erlös? Und wie hoch ist der Erlös?
   Lehrer Ecki Eckstoß verkündet den Erlös.
   Der Erlös beträgt 948,20 €.
4. Wer bringt die Tasche mit dem Geld wohin?
   Ein Vater bringt die Tasche mit dem Geld zum Auto von Gitti Gitarre.
5. Wer soll das Geld geklaut haben?
   Der Vater behauptet, dass ein großer, bärtiger Mann das Geld geklaut hätte.
6. Wieso meint Pfiffig, dass der Bestohlene lügt? Wer ist der Dieb?
   Der Dieb hätte sich nie die Mühe gemacht, die verschlossene Tasche zu öffnen, das Geld herauszunehmen und dann die Tasche wieder zu verschließen (siehe Bild 4). Der Vater muss der Dieb sein.

Lösungskarten für die Selbstkontrolle: Fälle 21 und 22

Fall 21

Welche Bücher bringt Pfiffig mit? Kreise ein.

1. Welche Bücher bringt Pia mit? Und welche Lukas?
   Pia bringt drei Kinder-Krimibücher mit. Lukas hat vier Comic-Hefte dabei.

2. Was liest Pfiffigs Hund Fiffi?
   Fiffi liest das Buch „Katzenjagd".

3. Was verbieten Pfiffig und Lehrer Karl Komma? Und warum?
   Pfiffig und Karl Komma verbieten das Rennen durch das Schulhaus und Feuer zu machen. Das ist zu gefährlich.

4. Zu welcher Uhrzeit ist die Lesezeit vorbei?
   Die Lesezeit ist um 24 Uhr vorbei, weil Pfiffig und Karl Komma um Mitternacht das Klassenzimmer betreten und die Kinder ins Bett schicken.

5. Woran erkennt Pfiffig, dass ein Kind noch gelesen hat?
   Im Krimi-Regal fehlen zwei Bücher und die Kerze hat gebrannt.

6. Welches Kind hat gelesen? Und welche Bücher?
   Nico hat gelesen, weil aus seinem Schlafsack eine Buchecke spitzelt und die Kerze bei ihm steht.
   Nico hat „Geheime Schriften" und „Die kleinen Detektive" gelesen.

Fall 22

Wo versteckt sich der vierbeinige „Briefe-Schreiber"? Kreise ein.

1. Warum sind die Kinder der 3a so fröhlich?
   Die Kinder der 3a sind so fröhlich, weil der letzte Schultag vor den Sommerferien ist.

2. Was machen die Kinder, bevor sie sich in den Stuhlkreis setzen?
   Die Kinder räumen den Klassenraum auf, geben ihre Schulbücher ab und erhalten ihre Zeugnisse.

3. In welchen Fächern haben Kai Meier und Karl Mai die Note „1"?
   Kai Meier hat in den Fächern Deutsch und Sport eine „1".
   Karl Mai hat in Mathe die Note „1".

4. Wie funktioniert dieser Code? Erkläre.
   Im Außenring der Kreisschablone sind die verschlüsselten Buchstaben und im Innenring darunter die richtigen Buchstaben.

5. Wie lautet die entschlüsselte Botschaft?
   Liebe Kinder der Klasse 3a! Wir hoffen, ihr habt tolle Ferien. Wir denken an euch! Wir haben noch einen Schatz für euch versteckt. Er ist hinter dem Computer! Euer Pfiffig und Fiffi

6. Welchen „Schatz" finden die Kinder? Und wo?
   Die Kinder finden hinter dem Computer eine Schatzkiste.
   In der Schatzkiste befinden sich „Lupen-Lollies".

Detektivausweis und Detektivurkunde

Detektivausweis

von

____

Diese Fälle habe ich schon gelöst:

Fall 1	Fall 12
Fall 2	Fall 13
Fall 3	Fall 14
Fall 4	Fall 15
Fall 5	Fall 16
Fall 6	Fall 17
Fall 7	Fall 18
Fall 8	Fall 19
Fall 9	Fall 20
Fall 10	Fall 21
Fall 11	Fall 22

Urkunde

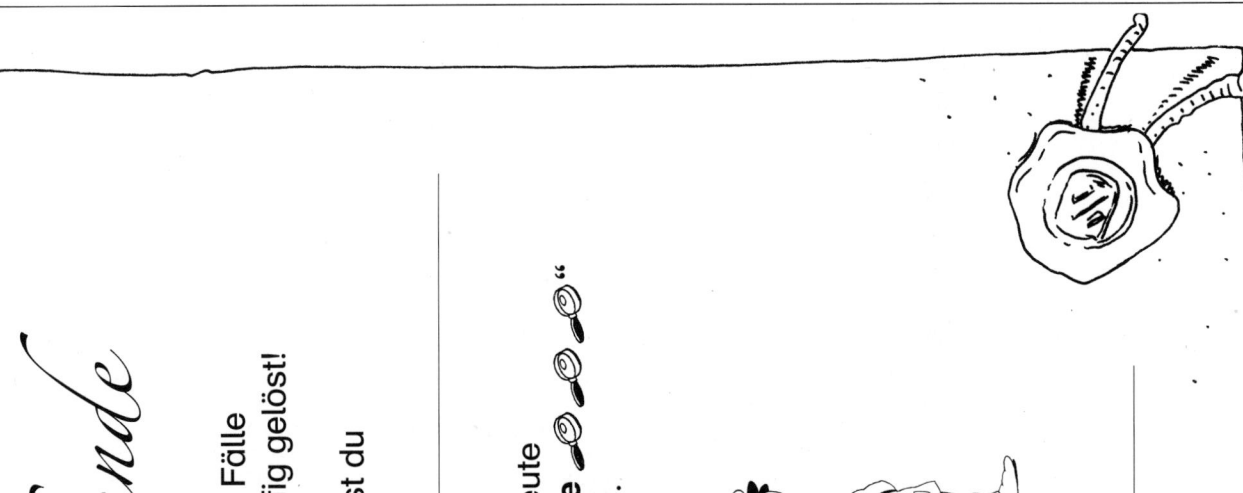

Toll!
Du hast alle Fälle
mit Detektiv Pfiffig gelöst!

Somit darfst du

____
(Name)

dich ab heute
„Detektiv der 3. Lupe"
nennen.

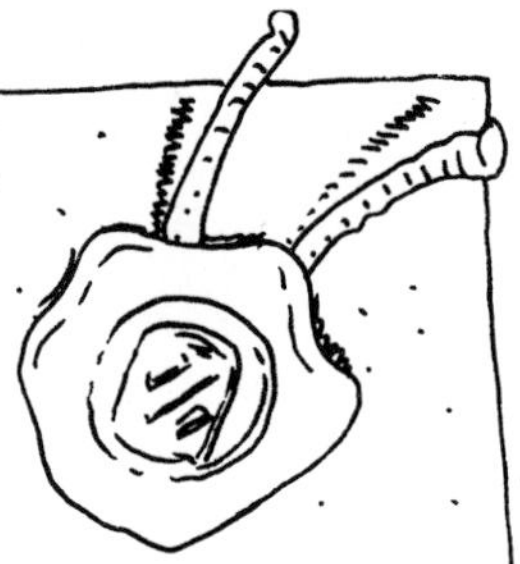

Knobelhausen, den ______________

Dein Detektiv Pfiffig